Ανεξερεύνητες Διαδρομές

Κυνηγώντας την Αληθινή Ικανοποίηση
Πέρα από τις Προσδοκίες της Κοινωνίας

Dan Desmarques

22 Lions

Ανεξερεύνητες Διαδρομές: Κυνηγώντας την Αληθινή Ικανοποίηση Πέρα από τις Προσδοκίες της Κοινωνίας

Γράφτηκε από τον Dan Desmarques

Πνευματικά δικαιώματα © 2024 από τον Dan Desmarques. Όλα τα δικαιώματα διατηρούνται.

Κανένα μέρος της παρούσας έκδοσης δεν επιτρέπεται να αναπαραχθεί ή να μεταδοθεί με οποιαδήποτε μορφή ή μέσο, ηλεκτρονικό ή μηχανικό, συμπεριλαμβανομένης της φωτοαντιγραφής, της εγγραφής ή οποιουδήποτε συστήματος αποθήκευσης και ανάκτησης πληροφοριών που είναι σήμερα γνωστό ή θα εφευρεθεί στο μέλλον, χωρίς τη γραπτή άδεια του εκδότη, εκτός από έναν κριτικό που επιθυμεί να παραθέσει σύντομα αποσπάσματα σε σχέση με μια κριτική που γράφτηκε για να συμπεριληφθεί σε περιοδικό, εφημερίδα ή εκπομπή.

Ευρετήριο

Εισαγωγή	VII
1. Κεφάλαιο 1: Ο κύκλος του πόνου	1
2. Κεφάλαιο 2: Ξεπερνώντας το φόβο των σχέσεων	5
3. Κεφάλαιο 3: Καλλιεργώντας την αληθινή επιτυχία από μέσα μας	9
4. Κεφάλαιο 4: Προκαλώντας τις αυτοπεριοριστικές πεποιθήσεις	13
5. Κεφάλαιο 5: Σπάζοντας τον κύκλο της αρνητικής σκέψης	17
6. Κεφάλαιο 6: Θεραπεία μέσω νοητικών συζητήσεων	21
7. Κεφάλαιο 7: Βελτίωση της ευεξίας μέσω της άσκησης	27
8. Κεφάλαιο 8: Δημιουργία ενός ολοκληρωμένου καταλόγου ονείρων	31
9. Κεφάλαιο 9: Η εξέλιξη της μάθησης στον 21ο αιώνα	35
10. Κεφάλαιο 10: Το συναισθηματικό φάσμα	39
11. Κεφάλαιο 11: Η αλληλεπίδραση της συνείδησης	43
12. Κεφάλαιο 12: Πώς να διατηρήσετε την ακεραιότητα	47

13. Κεφάλαιο 13: Ο καταλύτης της απουσίας — 51

14. Κεφάλαιο 14: Αληθινή καινοτομία και συμβατική σκέψη — 55

15. Κεφάλαιο 15: Ποιότητα και βάθος συμμετοχής — 59

16. Κεφάλαιο 16: Η αξία της περιέργειας και των πολλαπλών προοπτικών — 63

17. Κεφάλαιο 17: Απορρίπτοντας το μοτίβο δόνησης της πλειοψηφίας — 67

18. Κεφάλαιο 18: Οι πιο σκοτεινές πτυχές της ανθρώπινης φύσης — 71

19. Κεφάλαιο 19: Βρίσκοντας νόημα στην αναταραχή της ζωής — 75

20. Κεφάλαιο 20: Το Σύμπαν ανταποκρίνεται στις προσπάθειές μας — 79

21. Γλωσσάριο — 85

22. Αίτημα αναθεώρησης βιβλίου — 89

23. Σχετικά με τον συγγραφέα — 91

24. Επίσης γραμμένο από τον συγγραφέα — 93

25. Σχετικά με τον εκδότη — 103

Εισαγωγή

Το βιβλίο «Ανεξερεύνητες Διαδρομές: Κυνηγώντας την Αληθινή Ικανοποίηση Πέρα από τις Προσδοκίες της Κοινωνίας» είναι ένας μεταμορφωτικός οδηγός που προκαλεί τους αναγνώστες να ξεφύγουν από τους περιορισμούς της συμβατικής σκέψης και να ξεκινήσουν ένα ταξίδι αυτογνωσίας και προσωπικής ανάπτυξης. Σε έναν κόσμο που συχνά χαρακτηρίζεται από αρνητισμό, συμμόρφωση και επιφανειακές αναζητήσεις, το βιβλίο αυτό προσφέρει μια αναζωογονητική προοπτική για το τι πραγματικά σημαίνει να ζεις μια ικανοποιητική και επιτυχημένη ζωή.

Αντλώντας από μια πληθώρα προσωπικών εμπειριών, πνευματικών ενοράσεων και πρακτικής σοφίας, ο συγγραφέας σας οδηγεί σε μια συναρπαστική εξερεύνηση του ανθρώπινου δυναμικού και της δύναμης της συνειδητής επιλογής. Από την υπέρβαση των αυτοπεριοριστικών πεποιθήσεων μέχρι την πλοήγηση στις πολυπλοκότητες της σύγχρονης κοινωνίας, κάθε κεφάλαιο παρέχει πολύτιμα εργαλεία και προοπτικές που θα σας βοηθήσουν να ξεφύγετε από το θόρυβο και να βρείτε το μοναδικό σας μονοπάτι προς την αυθεντική επιτυχία.

Τα βασικά θέματα που καλύπτονται σε αυτό το βιβλίο περιλαμβάνουν:

1. Πώς να σπάσετε τον κύκλο της αρνητικής σκέψης και να καλλιεργήσετε την εσωτερική δύναμη.

2. Πώς να αξιοποιήσετε τη δύναμη της ενσυνειδητότητας και της συναισθηματικής νοημοσύνης.

3. Πώς να διατηρήσετε την ατομική ακεραιότητα σε έναν κόσμο αντικρουόμενων αξιών.

4. Πώς να βρίσκετε νόημα και ισορροπία σε έναν πολύπλοκο, ταχέως εξελισσόμενο κόσμο.

Είτε αντιμετωπίζετε προσωπικές προκλήσεις, είτε επιδιώκετε να επαναπροσδιορίσετε τον ορισμό της επιτυχίας σας είτε απλώς αναζητάτε έναν πιο ουσιαστικό τρόπο να ασχοληθείτε με τη ζωή, το Ανεξερεύνητες Διαδρομές προσφέρει έναν οδικό χάρτη για την προσωπική μεταμόρφωση. Σας προκαλεί να αμφισβητήσετε τους κανόνες της κοινωνίας, να εξερευνήσετε τις έμφυτες δυνατότητές σας και να δημιουργήσετε μια ζωή που να ευθυγραμμίζεται με τις βαθύτερες αξίες και προσδοκίες σας.

Αυτό το βιβλίο δεν είναι απλώς μια συλλογή ιδεών, αλλά μια πρόσκληση για δράση. Σας προσκαλεί να αναβαθμίσετε τη σκέψη σας, τις πράξεις σας και τελικά τη ζωή σας. Είστε έτοιμοι να ξεπεράσετε τα συνηθισμένα και να επιτύχετε αυθεντική επιτυχία; Το ταξίδι σας αρχίζει εδώ.

Κεφάλαιο 1: Ο κύκλος του πόνου

Στο κέντρο της ανθρώπινης εμπειρίας μας βρίσκεται μια παγκόσμια αλήθεια που μας ενώνει όλους: η επιθυμία για αγάπη, ελπίδα και σύνδεση. Ωστόσο, καθώς ταξιδεύουμε στα περίπλοκα μονοπάτια της ζωής, αναπόφευκτα συναντάμε πόνο, προδοσία, απογοήτευση και απογοήτευση. Αυτές οι εμπειρίες, αν και αποτελούν πρόκληση, χρησιμεύουν ως το χωνευτήρι μέσα στο οποίο σφυρηλατείται ο χαρακτήρας μας και διαμορφώνεται η κατανόησή μας για τον κόσμο.

Το ταξίδι μας στη ζωή σημαδεύεται από μια σειρά προσδοκιών - από τον εαυτό μας, από τους άλλους και από τον κόσμο γύρω μας. Μπαίνουμε σε σχέσεις, τόσο προσωπικές όσο και επαγγελματικές, με ελπίδες και όνειρα για το τι μπορούν να γίνουν. Φανταζόμαστε ένα μέλλον γεμάτο χαρά, επιτυχία και ολοκλήρωση. Ωστόσο, η πραγματικότητα συχνά υπολείπεται αυτών των υψηλών προσδοκιών. Το χάσμα μεταξύ των προσδοκιών μας και των πραγματικών αποτελεσμάτων γίνεται πρόσφορο έδαφος για απογοήτευση και πόνο.

Είναι ουσιώδες να αναγνωρίσουμε ότι αυτή η συσσώρευση πόνου είναι μια καθολική ανθρώπινη εμπειρία. Κανείς δεν έχει ανοσία στον πόνο της προδοσίας ή στο βάρος των ανεκπλήρωτων προσδοκιών. Από το μικρότερο παιδί μέχρι τον σοφότερο γέροντα, όλοι μας κουβαλάμε τα σημάδια των πληγών του παρελθόντος και τις αναμνήσεις των στιγμών που η ζωή δεν εξελίχθηκε όπως ελπίζαμε. Αυτή η κοινή εμπειρία του πόνου γίνεται παραδόξως ένα σημείο σύνδεσης - μια υπενθύμιση της κοινής μας ανθρωπιάς.

Παρά το αναπόφευκτο του πόνου, το ανθρώπινο πνεύμα παραμένει ανθεκτικό. Συνεχίζουμε να αναζητούμε την αγάπη και να τρέφουμε την ελπίδα, ακόμη και μπροστά στις αντιξοότητες. Αυτή η επιμονή δεν είναι απλώς ένας μηχανισμός επιβίωσης- είναι μια απόδειξη της αδάμαστης φύσης της ανθρώπινης καρδιάς. Επιθυμούμε την ασφάλεια και την προστασία, όχι μόνο με τη φυσική έννοια, αλλά και με τη συναισθηματική και ψυχολογική έννοια. Αυτή η ανάγκη για ασφάλεια είναι άρρηκτα συνδεδεμένη με την ικανότητά μας να εστιάζουμε στις θετικές πτυχές του μέλλοντός μας. Όταν αισθανόμαστε ασφαλείς, είμαστε πιο ικανοί να ονειρευόμαστε, να σχεδιάζουμε και να εργαζόμαστε προς ένα καλύτερο μέλλον.

Η ανάγκη για σύνδεση είναι μια άλλη θεμελιώδης πτυχή της ανθρώπινης εμπειρίας. Είμαστε κοινωνικά πλάσματα, προγραμματισμένα για αλληλεπίδραση και αλληλεξάρτηση. Αυτή η ανάγκη εκδηλώνεται με την επιθυμία μας να δημιουργήσουμε ουσιαστικές σχέσεις, να γίνουμε μέρος μιας κοινότητας και να συνεισφέρουμε σε κάτι μεγαλύτερο από τον εαυτό μας. Βρίσκουμε ικανοποίηση στο να βοηθάμε αυτούς που αγαπάμε, στο να είμαστε δίπλα στους άλλους σε στιγμές ανάγκης και στο να μοιραζόμαστε τις χαρές και τις λύπες μας. Αυτή η διασύνδεση δεν αποτελεί απλώς πηγή προσωπικής ικανοποίησης- είναι ο ίδιος ο ιστός που κρατάει την κοινωνία ενωμένη.

Ωστόσο, η πραγματικότητα της ανθρώπινης αλληλεπίδρασης συχνά απέχει πολύ από αυτό το ιδανικό. Ένα σημαντικό μέρος του παγκόσμιου πληθυσμού λειτουργεί σε χαμηλότερο επίπεδο συνείδησης, με τις πράξεις και τις αντιδράσεις του να διαμορφώνονται από βαθιά ριζωμένο πόνο και δυστυχία. Αυτή η κατάσταση χαμηλής δόνησης δεν είναι μια επιλογή που γίνεται με πλήρη επίγνωση, αλλά μάλλον συνέπεια ανεπίλυτων τραυμάτων, περιορισμένης κατανόησης και έλλειψης συναισθηματικών πόρων.

Η κύρια αιτία αυτής της γενικευμένης χαμηλής συνείδησης είναι μια θεμελιώδης έλλειψη αυτοαγάπης και εσωτερικής ολοκλήρωσης. Πολλοί άνθρωποι, καταβεβλημένοι από τις δικές τους ανεκπλήρωτες ανάγκες και τις ανεπούλωτες πληγές τους, βρίσκονται ανίκανοι να επεκτείνουν την αγάπη και τη συμπόνια στους άλλους. Είναι σαν να προσπαθείς να χύσεις από ένα άδειο ποτήρι - δεν μπορείς να δώσεις αυτό που δεν έχεις. Αυτό το συναισθηματικό έλλειμμα δημιουργεί έναν κύκλο πόνου στον οποίο οι πληγωμένοι άνθρωποι πληγώνουν τους άλλους, διαιωνίζοντας μια αλυσίδα πόνου που μπορεί να εκτείνεται για γενιές.

Η ανικανότητα να αγαπήσεις τους άλλους προέρχεται από ένα μέρος εσωτερικής κενότητας και μοναξιάς. Πολλοί άνθρωποι βρίσκονται σε έναν συνεχή αγώνα επιβίωσης, είτε οικονομικά, είτε συναισθηματικά, είτε κοινωνικά. Αυτός ο συνεχής αγώνας δεν αφήνει πολλά περιθώρια για την καλλιέργεια της ενσυναίσθησης και της συμπόνιας. Όταν εστιάζετε μόνο στο να κρατήσετε το κεφάλι σας πάνω από το νερό, οι ανάγκες και τα συναισθήματα των άλλων μπορεί να φαίνονται σαν πολυτέλεια που δεν μπορείτε να αντέξετε οικονομικά.

Επιπλέον, ο πόνος και η μοναξιά που νιώθουν πολλοί άνθρωποι δημιουργούν έναν στρεβλό φακό μέσα από τον οποίο βλέπουν τον κόσμο. Η κρίση τους για την πραγματικότητα διαστρεβλώνεται, χρωματισμένη από τον δικό τους πόνο και τις ανεκπλήρωτες ανάγκες τους. Σε αυτή την κατάσταση, η αγάπη και η καλοσύνη που προσφέρουν οι άλλοι άνθρωποι μπορεί να μην γίνονται αντιληπτές ως το δώρο που προοριζόταν να είναι. Αντίθετα, μπορεί να θεωρηθούν ως απειλή για τις προσεκτικά κατασκευασμένες άμυνες, ως πιθανή πηγή ευπάθειας σε έναν κόσμο που έχει αποδειχθεί σκληρός και ασυγχώρητος.

Αυτός ο φόβος της ευαλωτότητας οδηγεί πολλούς ανθρώπους να επιλέγουν να μην αγαπούν ή τουλάχιστον να μην εκφράζουν την αγάπη ανοιχτά. Πρόκειται για έναν αμυντικό μηχανισμό, έναν τρόπο να προστατεύει κανείς τον εαυτό του από πιθανό πόνο ή απογοήτευση. Αποκρύπτοντας την αγάπη και τη σύνδεση, οι άνθρωποι πιστεύουν ότι προστατεύουν τη συναισθηματική τους ευημερία. Ωστόσο, αυτή η αυτοεπιβαλλόμενη απομόνωση το μόνο που κάνει είναι να βαθαίνει τον κύκλο της μοναξιάς και του πόνου.

Κεφάλαιο 2: Ξεπερνώντας το φόβο των σχέσεων

Ο φόβος της απώλειας είναι μια άλλη πτυχή της νοοτροπίας της έλλειψης. Όσοι έχουν επιτύχει κάποιο μέτρο επιτυχίας ή σταθερότητας στη ζωή τους μπορεί να είναι ιδιαίτερα απρόθυμοι να ανοιχτούν στην αγάπη και τη σύνδεση. Υπάρχει ένας γενικευμένος φόβος ότι αν επιτρέψετε σε άλλους ανθρώπους να μπουν μέσα σας, κινδυνεύετε να χάσετε αυτό για το οποίο έχετε δουλέψει τόσο σκληρά για να το πετύχετε. Αυτός ο φόβος μπορεί να εκδηλωθεί ως κτητικότητα, ζήλια ή μια γενική απροθυμία να μοιραστείτε τη ζωή και τους πόρους σας με άλλους ανθρώπους.

Είναι σημαντικό να συνειδητοποιήσετε, ωστόσο, ότι αυτή η βασισμένη στο φόβο προσέγγιση της ζωής και των σχέσεων είναι τελικά αυτοκαταστροφική. Κλείνοντας τους εαυτούς μας στην αγάπη και τη σύνδεση, αρνούμαστε στον εαυτό μας τις εμπειρίες που δίνουν στη ζωή τον πλούτο και το νόημά της. Μπορεί να προστατεύουμε τον εαυτό μας από πιθανό πόνο, αλλά αποκλείουμε επίσης τη δυνατότητα της χαράς, της ανάπτυξης και της πραγματικής ολοκλήρωσης.

Ο τρόπος για να σπάσουμε αυτόν τον κύκλο του πόνου και της αποσύνδεσης είναι να καλλιεργήσουμε την αυτογνωσία και τη συναισθηματική νοημοσύνη. Αυτό ξεκινά με την αναγνώριση των δικών μας πληγών και την προσπάθεια να τις θεραπεύσουμε. Αυτή η διαδικασία αυτοαναστοχασμού και προσωπικής ανάπτυξης δεν είναι εύκολη - απαιτεί θάρρος, ειλικρίνεια και συχνά την υποστήριξη άλλων ανθρώπων. Αλλά μέσα από αυτή την εσωτερική εργασία μπορούμε να αρχίσουμε να γεμίζουμε το δικό μας συναισθηματικό ποτήρι, το οποίο μας επιτρέπει να επεκτείνουμε την αγάπη και τη συμπόνια στους άλλους από μια θέση αφθονίας και όχι έλλειψης.

Η εκπαίδευση και η έκθεση σε διαφορετικές προοπτικές παίζουν καθοριστικό ρόλο στην αύξηση της συνείδησης. Διευρύνοντας την κατανόησή μας για τον κόσμο και τις εμπειρίες των άλλων, μπορούμε να αναπτύξουμε μεγαλύτερη ενσυναίσθηση και συμπόνια. Αυτή η διευρυμένη επίγνωση μας βοηθά να δούμε πέρα από τις άμεσες ανάγκες και τους φόβους μας, επιτρέποντάς μας να συνδεθούμε με τους άλλους σε ένα βαθύτερο και πιο ουσιαστικό επίπεδο.

Η εξάσκηση της ενσυνειδητότητας και της παρουσίας μπορεί επίσης να είναι το κλειδί για τη διεύρυνση της επίγνωσής μας. Μαθαίνοντας να είμαστε πλήρως παρόντες στη στιγμή, μπορούμε να απελευθερωθούμε από τον κύκλο του να μένουμε στις πληγές του παρελθόντος και να ανησυχούμε για τις μελλοντικές αβεβαιότητες. Αυτή η παρουσία μας επιτρέπει να εμπλακούμε πιο αυθεντικά με τους άλλους και να εκτιμήσουμε την ομορφιά και τις δυνατότητες κάθε αλληλεπίδρασης.

Η συγχώρεση του εαυτού μας και των άλλων είναι ένα άλλο ισχυρό εργαλείο για τη θεραπεία και την αύξηση της συνειδητότητας. Το να κρατάμε κακίες και μνησικακίες μας κρατάει κολλημένους στον πόνο του παρελθόντος και μας εμποδίζει να αγκαλιάσουμε πλήρως το παρόν και το μέλλον. Το να μάθουμε να συγχωρούμε μας απελευθερώνει από το βάρος των αρνητικών συναισθημάτων και μας ανοίγει σε νέες δυνατότητες σύνδεσης και ανάπτυξης.

Είναι σημαντικό να αναγνωρίσουμε ότι η ευαισθητοποίηση και η εκμάθηση να αγαπάμε πιο ελεύθερα είναι μια σταδιακή διαδικασία. Απαιτεί υπομονή, επιμονή και αυτοσυμπόνια. Θα υπάρξουν πισωγυρίσματα και στιγμές αμφιβολίας, αλλά κάθε βήμα προς τα εμπρός, όσο μικρό κι αν είναι, είναι μια νίκη που αξίζει να γιορτάσουμε.

Καθώς οι άνθρωποι εργάζονται για να αυξήσουν τη δική τους επίγνωση και την ικανότητά τους να αγαπούν, δημιουργούν ένα φαινόμενο που εκτείνεται πολύ πέρα από τον άμεσο κύκλο τους. Κάθε πράξη καλοσύνης, κάθε στιγμή γνήσιας σύνδεσης, συμβάλλει σε μια συλλογική άνοδο της συνείδησης. Με την πάροδο του χρόνου, αυτές οι ατομικές προσπάθειες μπορούν να οδηγήσουν σε σημαντικές αλλαγές στην κοινωνία, δημιουργώντας πιο συμπονετικές, κατανοητές και συνδεδεμένες κοινότητες και πολιτισμούς.

Το ταξίδι προς την υψηλότερη συνείδηση και τη μεγαλύτερη αγάπη δεν έχει να κάνει με την επίτευξη της τελειότητας. Έχει να κάνει με την πρόοδο, με την κίνηση προς μια κατεύθυνση που ευθυγραμμίζεται με τις βαθύτερες αξίες και προσδοκίες μας. Πρόκειται για την αναγνώριση της κοινής μας ανθρωπιάς και της εγγενούς αξίας κάθε ατόμου, συμπεριλαμβανομένου του εαυτού μας. Γιατί παρόλο που όλοι μας κουβαλάμε το βάρος του συσσωρευμένου πόνου και της απογοήτευσης, διαθέτουμε επίσης μια έμφυτη ικανότητα για αγάπη, ελπίδα και σύνδεση. Αναγνωρίζοντας τις κοινές μας εμπειρίες *πόνου και εργαζόμενοι προς την κατεύθυνση της θεραπείας και της ανάπτυξης, μπορούμε να αρχίσουμε να σπάμε τους κύκλους του πόνου και του διαχωρισμού που έχουν κυριαρχήσει σε μεγάλο μέρος της ανθρώπινης ιστορίας.*

Κεφάλαιο 3: Καλλιεργώντας την αληθινή επιτυχία από μέσα μας

Αυτό που πραγματικά χρειάζονται οι περισσότεροι άνθρωποι είναι υπομονή και αγάπη. Αυτά τα δύο βασικά στοιχεία αποτελούν τη βάση για ουσιαστικές ανθρώπινες σχέσεις και προσωπική ανάπτυξη. Όταν προσεγγίζουμε τους άλλους με ανοιχτή καρδιά και προθυμία να τους ακούσουμε χωρίς να τους κρίνουμε, δημιουργούμε ένα χώρο στον οποίο μπορεί να ανθίσει η εμπιστοσύνη. Αυτή η πράξη γνήσιας ακρόασης είναι κάτι περισσότερο από απλή ευγένεια- είναι μια βαθιά επίδειξη σεβασμού και ενσυναίσθησης που μπορεί να γεφυρώσει ακόμη και τα βαθύτερα συναισθηματικά χάσματα.

Μπροστά στις αναπόφευκτες προκλήσεις της ζωής, η δύναμη της άνευ όρων υποστήριξης γίνεται εμφανής. Η αληθινή αγάπη, στην πιο αγνή της μορφή, δεν κατακλύζεται από δυσκολίες ή αντιξοότητες. Αντίθετα, στέκεται ως φάρος ελπίδας και δύναμης, αταλάντευτη στη δέσμευσή της να στηρίξει αυτούς που μας ενδιαφέρουν. Αυτή η ακλόνητη υποστήριξη είναι το χαρακτηριστικό γνώρισμα της αυθεντικής αγάπης - μιας αγάπης που δεν αποφεύγει τις δυσκολίες, αλλά τις αντιμετωπίζει με θάρρος και αισιοδοξία για το μέλλον.

Το ταξίδι της ζωής σπάνια είναι μια ευθεία διαδρομή. Τις περισσότερες φορές, είναι ένα τρενάκι του τρόμου από εμπειρίες που μας οδηγεί μέσα από τα υψηλά της αφθονίας και τα χαμηλά της έλλειψης. Πολλοί από εμάς έχουν διανύσει το φάσμα των οικονομικών συνθηκών, από την άνεση του πλούτου μέχρι τη σκληρή πραγματικότητα της φτώχειας, με στάσεις σε διάφορα ενδιάμεσα σημεία. Αυτές οι διακυμάνσεις στις υλικές μας συνθήκες χρησιμεύουν ως ισχυροί δάσκαλοι, προσφέροντας μαθήματα ταπεινότητας, ανθεκτικότητας και της πραγματικής φύσης της ευτυχίας.

Είναι ενδιαφέρον να σημειωθεί ότι τόσο η αφθονία όσο και η έλλειψη μπορούν να μας εμπνεύσουν φόβο. Η αφθονία, με την άνεση και την ευκολία της, μπορεί να δημιουργήσει εφησυχασμό και φόβο απώλειας. Η έλλειψη, από την άλλη πλευρά, ενεργοποιεί τα πιο πρωτόγονα ένστικτα επιβίωσής μας και μας υπενθυμίζει την ευπάθειά μας μπροστά στην έλλειψη. Αυτή η δυαδικότητα αναδεικνύει μια θεμελιώδη αλήθεια: η σχέση μας με τον υλικό πλούτο είναι τόσο ψυχολογική όσο και πρακτική. Αλλά είναι ζωτικής σημασίας να αναγνωρίσουμε ότι η πραγματική πρόκληση δεν βρίσκεται στους τραπεζικούς μας λογαριασμούς, αλλά στο μυαλό μας.

Οι σκέψεις, οι πεποιθήσεις και οι αντιλήψεις μας διαμορφώνουν την πραγματικότητά μας πολύ βαθύτερα από οποιαδήποτε εξωτερική περίσταση. Το μυαλό, αυτό το ισχυρό όργανο της συνείδησης, συχνά επηρεάζεται από τις σκέψεις και τις προσδοκίες των άλλων. Αν η κοινωνία ή οι κοντινοί μας άνθρωποι πιστεύουν ότι είμαστε προορισμένοι για τη φτώχεια, το υποσυνείδητό μας μπορεί να μας οδηγήσει σε επιλογές που εκπληρώνουν αυτή την προφητεία. Από την άλλη πλευρά, αν περιβαλλόμαστε από προσδοκίες επιτυχίας και ευημερίας, μπορεί φυσικά να στραφούμε προς τις ευκαιρίες για τη δημιουργία πλούτου.

Το φαινόμενο αυτό υπογραμμίζει την ύπουλη φύση των διακρίσεων και των κοινωνικών προσδοκιών. Αυτές οι εξωτερικές δυνάμεις δεν επηρεάζουν μόνο τις συνειδητές επιλογές μας- διεισδύουν στο υποσυνείδητό μας, διαμορφώνοντας την αυτοεικόνα μας και, κατ' επέκταση, την πορεία της ζωής μας. Η αναγνώριση αυτής της επιρροής είναι το πρώτο βήμα προς την απελευθέρωση από τις περιοριστικές πεποιθήσεις και τους περιορισμούς της κοινωνίας.

Για να αλλάξουμε πραγματικά τις συνθήκες και να απελευθερώσουμε τις δυνατότητές μας, πρέπει να είμαστε πρόθυμοι να αμφισβητήσουμε και να ξεπεράσουμε τα δικά μας νοητικά εμπόδια. Αυτή η διαδικασία του νοητικού μετασχηματισμού περιλαμβάνει έναν συνδυασμό τεχνικών οραματισμού και την καλλιέργεια της εσωτερικής ειρήνης. Ο οραματισμός μας επιτρέπει να δημιουργήσουμε ζωντανές νοητικές εικόνες του επιθυμητού μέλλοντος, όχι μόνο για τον εαυτό μας, αλλά και για τον θετικό αντίκτυπο που θα μπορούσαμε να έχουμε στους άλλους. Εστιάζοντας στις δυνατότητες - τα μέρη που θα μπορούσαμε να πάμε, τις εμπειρίες που θα μπορούσαμε να έχουμε, τις ζωές που θα μπορούσαμε να βελτιώσουμε - μετατοπίζουμε τη νοοτροπία μας από την έλλειψη στην αφθονία. Αλλά ο οραματισμός από μόνος του δεν είναι αρκετός. Πρέπει να συνδέεται με μια αίσθηση εσωτερικής ειρήνης και αυτοαποδοχής.

Όταν προσεγγίζουμε τους στόχους μας με βάση τον εγωισμό ή την ανάγκη να αποδείξουμε τον εαυτό μας στους άλλους, προετοιμάζουμε τον εαυτό μας για αποτυχία. Η αληθινή επιτυχία προέρχεται από έναν τόπο αυθεντικότητας, όπου οι πράξεις μας ευθυγραμμίζονται με τις αξίες μας και τη βαθύτερη αίσθηση του εαυτού μας. Είναι σημαντικό να εστιάζουμε σε αυτό που πραγματικά μας προσφέρει χαρά και ολοκλήρωση. Εντοπίζοντας τις δραστηριότητες και τις επιδιώξεις που μας κάνουν να νιώθουμε ζωντανοί και σκόπιμοι, δημιουργούμε μια πηγή κινήτρων και ανθεκτικότητας. Αυτές οι πηγές χαράς χρησιμεύουν ως άγκυρες σε ταραγμένους καιρούς, υπενθυμίζοντάς μας τις βασικές μας αξίες και φιλοδοξίες.

Για παράδειγμα, αν είστε παθιασμένοι με τη συγγραφή, αλλά βρίσκετε τη διαδικασία της επιμέλειας τρομακτική, στρέψτε την προσοχή σας στις συναρπαστικές πτυχές του έργου σας. Φανταστείτε το εξώφυλλο του μελλοντικού σας βιβλίου, τον τίτλο του και τη συνολική δομή του. Επικεντρώνοντας σε αυτά τα εμπνευσμένα στοιχεία, οι πιο δύσκολες πτυχές της διαδικασίας γίνονται πιο εύκολα διαχειρίσιμες. Αυτή η προσέγγιση της εστίασης στον τελικό στόχο μπορεί να εφαρμοστεί σε οποιαδήποτε προσπάθεια, βοηθώντας να διατηρήσετε το κίνητρο και να ξεπεράσετε τα εμπόδια.

Κεφάλαιο 4: Προκαλώντας τις αυτοπεριοριστικές πεποιθήσεις

Μπορούμε να ενσωματώσουμε συγκεκριμένες επιβεβαιώσεις στην καθημερινή μας ρουτίνα. Φράσεις όπως «Έχω την ενέργεια να δουλέψω πιο σκληρά από οποιονδήποτε άλλο», «Μπορώ να μάθω», «Μπορώ να βελτιωθώ» και «Γίνομαι καλύτερος άνθρωπος» ενισχύουν την ικανότητά μας για ανάπτυξη και σκληρή δουλειά. Αυτές οι δηλώσεις αναγνωρίζουν ότι η επιτυχία συχνά απαιτεί προσπάθεια και συνεχή βελτίωση, αλλά επιβεβαιώνουν επίσης την ικανότητά μας να αντιμετωπίζουμε αυτές τις προκλήσεις.

Είναι εξίσου σημαντικό να ασχοληθούμε με τους τομείς στους οποίους μπορεί να μας λείπει η αυτοπεποίθηση λόγω προηγούμενων εμπειριών ή κοινωνικής διαμόρφωσης. Επιβεβαιώσεις όπως «Μου αξίζει η αγάπη», «Μου αξίζει η ευτυχία», «Μου αξίζει να είμαι πλούσιος» και «Γεννήθηκα για να εκπληρώσω το πεπρωμένο μου» αμφισβητούν τις αρνητικές αυτοαντιλήψεις και τους περιορισμούς της κοινωνίας. Επιβεβαιώνοντας επανειλημμένα αυτές τις αλήθειες, αρχίζουμε να τις εσωτερικεύουμε και σταδιακά να αναδιαμορφώνουμε την αυτοεικόνα και τις προσδοκίες μας.

Η δημιουργία μιας γέφυρας μεταξύ των επιτευγμάτων του παρελθόντος και των μελλοντικών προσδοκιών είναι μια άλλη ισχυρή τεχνική. Υπενθυμίζοντας στον εαυτό μας τις προκλήσεις που έχουμε ξεπεράσει στο παρελθόν, αυξάνουμε την εμπιστοσύνη στην ικανότητά μας να ξεπεράσουμε τα μελλοντικά εμπόδια. Αυτό δημιουργεί έναν θετικό βρόχο ανατροφοδότησης, στον οποίο οι επιτυχίες του παρελθόντος τροφοδοτούν τα μελλοντικά επιτεύγματα, τα οποία με τη σειρά τους ενισχύουν την πίστη μας στις ικανότητές μας.

Η εξάσκηση της ενσυνειδητότητας και η σύνδεση με τη φύση μπορούν να ενισχύσουν σημαντικά αυτή τη διαδικασία προσωπικής ενδυνάμωσης. Το να ξυπνάτε νωρίς και να ακούτε τους φυσικούς ήχους του κόσμου - τον άνεμο που φυσάει στα δέντρα, τα πουλιά που χαιρετούν την αυγή - μπορεί να δημιουργήσει μια αίσθηση γαλήνης και σύνδεσης. Αυτή η κατάσταση γαλήνης παρέχει ένα ιδανικό σκηνικό για τις επιβεβαιώσεις μας, επιτρέποντάς τους να διεισδύσουν βαθύτερα στη συνείδησή μας.

Καθώς εξασκούμε με συνέπεια αυτές τις επιβεβαιώσεις και τους οραματισμούς, αρχίζουμε να παρατηρούμε μια αλλαγή στην αντίληψή μας. Η αυτοπεποίθηση που καλλιεργούμε ανοίγει τα μάτια μας σε δυνατότητες που δεν είχαμε συνειδητοποιήσει ή απορρίψει πριν. Είναι σαν να συντονίζουμε το νοητικό μας ραδιόφωνο σε μια συχνότητα θετικότητας και δυνατοτήτων. Προκλήσεις που προηγουμένως φαίνονταν ανυπέρβλητες αρχίζουν να εμφανίζονται ως σκαλοπάτια προς την ανάπτυξη.

Αυτή η μεγαλύτερη αυτοπεποίθηση αυξάνει επίσης την ικανότητά μας να αποδεχόμαστε και να εκτιμούμε τα καλά πράγματα που έρχονται στη ζωή μας. Όταν παγιδευόμαστε σε κύκλους αρνητικών σκέψεων ή αυτοαμφισβήτησης, συχνά ασυνείδητα απομακρύνουμε τις θετικές εμπειρίες ή σχέσεις. Μπορεί να νιώθουμε ανάξιοι ή δύσπιστοι απέναντι στην καλή τύχη. Ωστόσο, καθώς οικοδομούμε μια πιο θετική εικόνα του εαυτού μας μέσα από συνεχείς επιβεβαιώσεις, γινόμαστε πιο ανοιχτοί στο να δεχόμαστε και να αγκαλιάζουμε τη θετικότητα σε όλες τις μορφές της.

Είναι σημαντικό να συνειδητοποιήσουμε ότι αυτή η διαδικασία δεν έχει να κάνει με την άρνηση της πραγματικότητας ή την αγνόηση των πραγματικών προκλήσεων. Αντίθετα, πρόκειται για τη δημιουργία μιας νοητικής και συναισθηματικής βάσης που μας επιτρέπει να προσεγγίζουμε τις δυσκολίες της ζωής με ανθεκτικότητα και αισιοδοξία. Επιβεβαιώνοντας τακτικά την αξία και τις δυνατότητές μας, αναπτύσσουμε την εσωτερική δύναμη που απαιτείται για να επιμείνουμε μέσα από εμπόδια και αναποδιές.

Επιπλέον, αυτή η πρακτική της αυτοεπιβεβαίωσης και του οραματισμού μπορεί να έχει αλυσιδωτά αποτελέσματα πέρα από την προσωπική μας ζωή. Καθώς γινόμαστε πιο σίγουροι και θετικοί, είμαστε γενικά καλύτερα εξοπλισμένοι για να υποστηρίξουμε και να εμπνεύσουμε τους άλλους. Το ταξίδι της αυτοβελτίωσής μας μπορεί να λειτουργήσει ως φάρος ελπίδας για τους ανθρώπους γύρω μας, δημιουργώντας έναν ενάρετο κύκλο ανάπτυξης και ενδυνάμωσης στις κοινότητές μας.

Η δύναμη αυτών των τεχνικών έγκειται στην απλότητα και την προσβασιμότητά τους. Δεν απαιτούν ειδικό εξοπλισμό ή γνώσεις, παρά μόνο δέσμευση για τακτική εξάσκηση και προθυμία να αμφισβητήσουμε τις βαθύτερες πεποιθήσεις μας. Με την πάροδο του χρόνου, αυτές οι μικρές καθημερινές πράξεις αυτοεπιβεβαίωσης μπορούν να οδηγήσουν σε βαθιές αλλαγές στις στάσεις, τις συμπεριφορές και τελικά στις συνθήκες μας.

Καθώς ξεκινάμε αυτό το ταξίδι ενδυνάμωσης, είναι σημαντικό να το προσεγγίσουμε με υπομονή και συμπόνια για τον εαυτό μας. Η αλλαγή δεν συμβαίνει από τη μια μέρα στην άλλη, και μπορεί να υπάρξουν μέρες που η αμφιβολία θα παρεισφρήσει ξανά. Κατά τη διάρκεια αυτών των στιγμών, είναι σημαντικό να θυμόμαστε ότι οι αναποδιές αποτελούν φυσικό μέρος κάθε διαδικασίας ανάπτυξης. Κάθε στιγμή αμφιβολίας ή δυσκολίας είναι μια ευκαιρία να επιβεβαιώσουμε τη δέσμευσή μας στο όραμά μας και να εξασκηθούμε στην αυτοσυμπόνια.

Κεφάλαιο 5: Σπάζοντας τον κύκλο της αρνητικής σκέψης

Στην αναζήτησή μας για εσωτερική γαλήνη και ολοκλήρωση, πρέπει να περιηγηθούμε στο πολύπλοκο τοπίο του μυαλού μας και να μάθουμε να διαχειριζόμαστε τις σκέψεις μας, τα συναισθήματά μας και τον αντίκτυπο των εξωτερικών επιρροών. Αυτή η εξερεύνηση του ανθρώπινου ψυχισμού αποκαλύπτει βαθιές αλήθειες για τη φύση μας και το μονοπάτι προς την αληθινή ικανοποίηση και την αυτοπραγμάτωση.

Ένα από τα πιο θεμελιώδη μαθήματα που πρέπει να εσωτερικεύσουμε είναι η σημασία της συγκέντρωσης και της παρουσίας. Σε έναν κόσμο γεμάτο περισπασμούς, είναι ζωτικής σημασίας να κατανοήσουμε ότι η αληθινή ανάπτυξη και η αυτογνωσία δεν μπορούν να συμβούν αν επιτρέπουμε στον εαυτό μας να τραβιέται συνεχώς προς διαφορετικές κατευθύνσεις. Η ικανότητα να είμαστε παρόντες, να ασχολούμαστε πραγματικά με τις σκέψεις και τα συναισθήματά μας, είναι μια δεξιότητα που πρέπει να καλλιεργείται με πρόθεση και πρακτική.

Είναι φυσικό και μάλιστα υγιές να αναγνωρίζουμε και να νιώθουμε πόνο ως απάντηση στις δυσκολίες της ζωής. Οι εμπειρίες μας, τόσο οι θετικές όσο και οι αρνητικές, διαμορφώνουν αυτό που είμαστε και συμβάλλουν στην προσωπική μας ανάπτυξη. Ωστόσο, υπάρχει μια λεπτή γραμμή μεταξύ της αναγνώρισης του πόνου και του να του επιτρέπουμε να μας καταβροχθίζει. Αν τον διαχειριστούμε σωστά, ο πόνος μπορεί να αποτελέσει καταλύτη για προσωπική ανάπτυξη και βελτίωση. Μπορεί να μας αναγκάσει να αντιμετωπίσουμε τις αδυναμίες μας, να αμφισβητήσουμε τις υποθέσεις μας και να βγούμε πιο δυνατοί. Όταν όμως επιτρέπουμε στον πόνο να κυριαρχεί στις σκέψεις μας και να υπαγορεύει τις πράξεις μας, γίνεται καταστροφική δύναμη, εμποδίζοντας την πρόοδό μας και θολώνοντας την κρίση μας.

Το κλειδί είναι να βρούμε μια ισορροπία - να αναγνωρίζουμε τον πόνο μας χωρίς να τον αφήνουμε να μας καθορίζει. Αυτή η ισορροπία επιτυγχάνεται μέσω διαφόρων μορφών νοητικής και συναισθηματικής ξεκούρασης. Η ανάπαυση, σε αυτό το πλαίσιο, δεν σημαίνει απαραίτητα σωματική αδράνεια. Αντίθετα, αναφέρεται στο να δώσουμε στο μυαλό μας ένα διάλειμμα από τη συνεχή φλυαρία των αρνητικών σκέψεων και συναισθημάτων που μπορεί να μας καταβάλλουν.

Ένας συνηθισμένος τρόπος απόκτησης αυτής της νοητικής ανάπαυσης είναι η απόσπαση της προσοχής. Όλοι αποσπάται η προσοχή μας σε κάποιο βαθμό, αλλά είναι σημαντικό να δίνουμε προσοχή στο πώς αποσπάται η προσοχή μας και για πόσο χρονικό διάστημα. Στην ψηφιακή εποχή, τα μέσα κοινωνικής δικτύωσης έχουν γίνει μια συνηθισμένη μορφή απόσπασης της προσοχής. Ωστόσο, είναι σημαντικό να αναγνωρίσουμε ότι αυτές οι πλατφόρμες λειτουργούν συχνά με αλγόριθμους που ενισχύουν τα υπάρχοντα μοτίβα σκέψης μας. Αν προσεγγίζουμε τα μέσα κοινωνικής δικτύωσης με αρνητική νοοτροπία, είναι πιθανό να συναντήσουμε περισσότερη αρνητικότητα, δημιουργώντας έναν αυτοτροφοδοτούμενο κύκλο απαισιοδοξίας.

Το φαινόμενο αυτό υπερβαίνει το ψηφιακό πεδίο. Ακόμη και τα φυσικά αντικείμενα που μας περιβάλλουν μπορούν να επηρεάσουν την κατάσταση του νου μας. Αποδίδουμε συναισθηματική σημασία στα υπάρχοντά μας και, όταν βρισκόμαστε σε αρνητική ψυχική κατάσταση, τα αντικείμενα αυτά μπορούν να γίνουν αποθήκες αρνητικής ενέργειας. Αυτός είναι ένας από τους λόγους για τους οποίους πολλοί μεγάλοι στοχαστές και πνευματικοί ηγέτες σε όλη την ιστορία έχουν υποστηρίξει τον μινιμαλισμό και την αποδέσμευση από τα υλικά αγαθά. Μειώνοντας την προσκόλλησή μας σε υλικά αντικείμενα, δημιουργούμε περισσότερο νοητικό και συναισθηματικό χώρο για να επεξεργαστούμε τις σκέψεις και τα συναισθήματά μας, καθιστώντας ευκολότερο να ξεπεράσουμε τα αρνητικά συναισθήματα και μοτίβα σκέψης.

Ωστόσο, η πλήρης αποδέσμευση από τον υλικό κόσμο δεν είναι ούτε πρακτική ούτε απαραίτητη για τους περισσότερους ανθρώπους. Αντ' αυτού, μπορούμε να μάθουμε να ασχολούμαστε με υγιείς μορφές απόσπασης της προσοχής που παρέχουν νοητική ξεκούραση χωρίς να ενισχύουν τα αρνητικά μοτίβα. Η μουσική, για παράδειγμα, μπορεί να αποτελέσει ένα ισχυρό εργαλείο για τη χαλάρωση και τη ρύθμιση της διάθεσης. Ακόμη και μια σύντομη πεντάλεπτη συνεδρία χαλαρωτικής μουσικής μπορεί να βοηθήσει στην επαναφορά της ψυχικής μας κατάστασης και να προσφέρει ένα απαραίτητο διάλειμμα από τις αγχωτικές σκέψεις.

Η φύση είναι επίσης ένα ισχυρό αντίδοτο στην ψυχική κόπωση. Απλά κοιτάζοντας έξω από το παράθυρο τα δέντρα ή τον ουρανό για λίγα λεπτά μπορεί να έχει αναζωογονητική επίδραση στο μυαλό μας. Συχνά αποκαλούμενη «λουτρό στο δάσος» ή «φυσιοθεραπεία», η πρακτική του περπατήματος σε ένα δάσος μειώνει το στρες, βελτιώνει τη διάθεση και αυξάνει τη γενική ευεξία. Είναι μια απόδειξη της έμφυτης σύνδεσής μας με τον φυσικό κόσμο και της ικανότητάς του να μας κρατάει στην παρούσα στιγμή.

Για όσους βρίσκονται σε περιβάλλοντα όπου η πρόσβαση στη φύση ή στη μουσική είναι περιορισμένη -ίσως σε περιορισμένο χώρο όπως ένα κελί φυλακής- η δύναμη της φαντασίας γίνεται ανεκτίμητο εργαλείο.

Κεφάλαιο 6: Θεραπεία μέσω νοητικών συζητήσεων

Οι ασκήσεις οραματισμού μπορούν να μας μεταφέρουν πέρα από το άμεσο περιβάλλον μας, παρέχοντας μια νοητική διαφυγή που μπορεί να είναι εξίσου αποτελεσματική με τη σωματική απόσπαση της προσοχής. Για παράδειγμα, το να φανταστείτε μια πόρτα σε έναν κενό τοίχο και να οραματιστείτε ότι περνάτε μέσα από αυτήν σε ένα βασίλειο αγγελικών όντων μπορεί να δημιουργήσει μια ισχυρή αίσθηση υπέρβασης και γαλήνης.

Αυτή η πρακτική του φανταστικού διαλόγου δεν περιορίζεται στα ουράνια όντα. Μπορούμε να έχουμε νοερούς διαλόγους με αποθανόντα αγαπημένα πρόσωπα, παρέχοντας μια αίσθηση συνέχειας και σύνδεσης που μπορεί να είναι βαθιά ανακουφιστική. Αυτοί οι φανταστικοί διάλογοι μας επιτρέπουν να επεξεργαστούμε ανεπίλυτα συναισθήματα, να εκφράσουμε πράγματα που δεν έχουν ειπωθεί και να βρούμε το κλείσιμο σχέσεων που μπορεί να έχουν τελειώσει απότομα.

Η ίδια αρχή μπορεί να εφαρμοστεί και στους ζωντανούς, ειδικά σε καταστάσεις όπου η άμεση επικοινωνία είναι δύσκολη ή αδύνατη. Το να φανταζόμαστε συνομιλίες με ανθρώπους που μας έχουν πληγώσει ή με τους οποίους έχουμε άλυτες συγκρούσεις μπορεί να είναι μια θεραπευτική διαδικασία. Μας επιτρέπει να εκφράσουμε τα συναισθήματά μας, να επιβεβαιώσουμε την αξία μας και να αναδιαμορφώσουμε τις αρνητικές εμπειρίες με τρόπο που μας ενισχύει αντί να μας μειώνει.

Αυτή η πρακτική του ψυχικού διαλόγου εξυπηρετεί διάφορους σκοπούς. Πρώτον, παρέχει μια διέξοδο για την έκφραση καταπιεσμένων συναισθημάτων σε ένα ασφαλές και ελεγχόμενο περιβάλλον. Δεύτερον, μας επιτρέπει να αναδιαμορφώσουμε τις αφηγήσεις μας, μεταβαίνοντας από μια θέση θυματοποίησης σε μια θέση ενδυνάμωσης. Φανταζόμενοι τον εαυτό μας να μιλάει με αυτοπεποίθηση με εκείνους που μας έχουν αδικήσει, αρχίζουμε να εσωτερικεύουμε αυτή την αυτοπεποίθηση στις αλληλεπιδράσεις μας στην πραγματική ζωή.

Επιπλέον, αυτές οι φανταστικές συζητήσεις μπορούν να μας βοηθήσουν να συνειδητοποιήσουμε ότι η αρνητικότητα που νιώθουμε από τους άλλους συνήθως λέει περισσότερα γι' αυτούς παρά για εμάς. Όταν κάποιος προσπαθεί να μας υποτιμήσει, είναι συνήθως επειδή νιώθει ότι απειλείται από τις δυνατότητές μας ή προβάλλει τις δικές του ανασφάλειες πάνω μας. Η κατανόηση αυτού του γεγονότος μπορεί να μας βοηθήσει να αποπροσωποποιήσουμε τις επώδυνες εμπειρίες και να τις δούμε ως ευκαιρίες για ανάπτυξη και όχι ως καθοριστικές στιγμές αποτυχίας ή ανεπάρκειας.

Αυτή η αλλαγή προοπτικής είναι θεμελιώδης, διότι αναδεικνύει μια σημαντική αλήθεια: οι άνθρωποι μπορούν να μας πληγώσουν μόνο στους τομείς όπου επενδύουμε συναισθηματική σημασία. Η υπερηφάνειά μας, που συχνά συκοφαντείται ως αρνητικό χαρακτηριστικό, συνδέεται στενά με την αίσθηση των δυνατοτήτων και των ικανοτήτων μας. Όταν κάποιος επικρίνει έναν τομέα στον οποίο επενδύουμε προσπάθεια και υπερηφάνεια -είτε πρόκειται για τη μαγειρική, τη συγγραφή ή τον ηθικό μας χαρακτήρα- είναι οδυνηρό ακριβώς επειδή μας ενδιαφέρει να διαπρέψουμε σε αυτόν τον τομέα.

Από την άλλη πλευρά, η κριτική σε τομείς στους οποίους δεν επενδύουμε συναισθηματική ενέργεια τείνει να βγαίνει πιο εύκολα. Ένα άτομο που γνωρίζει ότι είναι ανέντιμο είναι απίθανο να πληγωθεί βαθιά από τις κατηγορίες για ανεντιμότητα. Το άτομο που αγωνίζεται για ακεραιότητα είναι εκείνο που αισθάνεται περισσότερο τον αντίκτυπο αυτών των κατηγοριών.

Αυτή η συνειδητοποίηση μας οδηγεί σε μια βαθιά αλήθεια: η δύναμή μας προέρχεται τελικά από την πίστη μας στον εαυτό μας. Η αρνητικότητα που βρίσκουμε στους άλλους μπορεί, παραδόξως, να χρησιμοποιηθεί ως εργαλείο για την ενίσχυση αυτής της πίστης. Όταν αναγνωρίζουμε ότι οι προσπάθειες των άλλων να μας μειώσουν συχνά πηγάζουν από το φόβο τους για τις δυνατότητές μας, μπορούμε να επαναπροσδιορίσουμε αυτές τις εμπειρίες ως επιβεβαιώσεις των ικανοτήτων μας και όχι ως κατηγορίες για την αξία μας.

Στην ουσία, όσοι προσπαθούν να μας εμποδίσουν να προχωρήσουμε μπροστά, αναγνωρίζουν ακούσια την απειλή που η επιτυχία μας αποτελεί για την κοσμοθεωρία ή την αυτοεικόνα τους. Η αρνητικότητά τους μετατρέπεται σε έμμεσο κομπλιμέντο - μια αναγνώριση της δύναμης και των δυνατοτήτων που βλέπουν σε εμάς, ακόμη και αν το εκφράζουν αυτό μέσω προσπαθειών να μας πνίξουν αντί να μας υποστηρίξουν.

Αυτή η αλλαγή προοπτικής δεν εξαλείφει τον πόνο των αρνητικών εμπειριών, αλλά παρέχει ένα πλαίσιο για την επεξεργασία και την ανάπτυξη από αυτές. Μας επιτρέπει να βλέπουμε την κριτική και την αρνητικότητα όχι ως εμπόδια, αλλά ως σημάδια που δείχνουν περιοχές πιθανής ανάπτυξης και αυτοεπιβεβαίωσης.

Κάθε πρόκληση που αντιμετωπίζουμε, κάθε στιγμή πόνου ή αμφιβολίας, είναι μια ευκαιρία για βαθύτερη κατανόηση και ισχυρότερη αυτοπεποίθηση. Μαθαίνοντας να διαχειριζόμαστε την ψυχική μας κατάσταση, να αναπλαισιώνουμε τις αρνητικές εμπειρίες και να καλλιεργούμε μια ισχυρή αίσθηση του εαυτού μας, εξοπλιζόμαστε όχι μόνο για να αντέξουμε τις καταιγίδες της ζωής, αλλά και για να ευδοκιμήσουμε μπροστά στις αντιξοότητες.

Το μονοπάτι προς την αυτοπραγμάτωση δεν έχει να κάνει με την εξάλειψη όλων των αρνητικών εμπειριών ή την επίτευξη μιας κατάστασης αέναης ευτυχίας. Αντίθετα, έχει να κάνει με την ανάπτυξη της ανθεκτικότητας και της αυτογνωσίας ώστε να βρίσκουμε νόημα και ανάπτυξη σε όλες τις εμπειρίες της ζωής, τόσο τις θετικές όσο και τις αρνητικές. Πρόκειται για την αναγνώριση της εγγενούς αξίας και των δυνατοτήτων μας και την άρνηση να επιτρέψουμε στους περιορισμούς των άλλων να καθορίσουν τις δυνατότητές μας. Τελικά, η βαθύτερη ανάπτυξη συχνά προέρχεται από τις πιο σκοτεινές μας στιγμές. Αγκαλιάζοντας αυτή την αλήθεια, μπορούμε να μετατρέψουμε τον πόνο σε σκοπό, την κριτική σε κίνητρο και κάθε εμπειρία, όσο προκλητική κι αν είναι, σε εφαλτήριο για να γίνουμε η πληρέστερη και πιο αυθεντική εκδοχή του εαυτού μας.

Κεφάλαιο 7: Βελτίωση της ευεξίας μέσω της άσκησης

Στον ολοένα και πιο ψηφιακό και αποσυνδεδεμένο κόσμο μας, η πρακτική της γείωσης έχει αποκτήσει σημαντική σημασία. Αυτό μπορεί να γίνει μέσω της άμεσης σωματικής επαφής με τη γη, όπως το να καθίσετε στο έδαφος ή να αγγίξετε ένα δέντρο. Αυτές οι απλές πράξεις βοηθούν στην επαναπροσαρμογή της ηλεκτρικής ενέργειας του σώματός μας με εκείνη της γης, μειώνοντας ενδεχομένως τις φλεγμονές και προωθώντας την αίσθηση ηρεμίας και ισορροπίας. Για όσους ζουν σε αστικό περιβάλλον, όπου η άμεση επαφή με τη φύση είναι περιορισμένη, ακόμη και σύντομες στιγμές σύνδεσης μπορούν να είναι ευεργετικές.

Η σημασία αυτών των πρακτικών γίνεται ακόμη πιο έντονη σε περιόδους κόπωσης ή έντονου στρες. Όταν νιώθουμε εξαντλημένοι, είναι ένα μήνυμα από το σώμα και το μυαλό μας ότι χρειαζόμαστε ανεφοδιασμό και επαναφορά της ισορροπίας. Η ενσωμάτωση κόκκινων φρούτων στη διατροφή μας μπορεί να είναι ιδιαίτερα ευεργετική κατά τη διάρκεια αυτών των περιόδων. Πλούσια σε αντιοξειδωτικά, τα μούρα βοηθούν στην καταπολέμηση του οξειδωτικού στρες που προκαλείται από περιβαλλοντικούς παράγοντες όπως η ρύπανση και η ηλεκτρομαγνητική ακτινοβολία, οι οποίοι είναι πανταχού παρόντες στη σύγχρονη κοινωνία μας. Αυτές οι ισχυρές ενώσεις λειτουργούν για να εξουδετερώσουν τις ελεύθερες ρίζες στο σώμα μας, επιβραδύνοντας δυνητικά τη βλάβη των κυττάρων και υποστηρίζοντας τη γενική υγεία.

Η άσκηση είναι ένας άλλος ακρογωνιαίος λίθος για τη διατήρηση της ενέργειας και της ζωτικότητας. Οι απλές διατάσεις, ειδικά αυτές που επικεντρώνονται στην πλάτη, τον αυχένα και τη μέση, μπορούν να έχουν βαθιά επίδραση στην ευεξία μας. Αυτές οι κινήσεις βοηθούν στη βελτίωση της κυκλοφορίας, στην αύξηση της ευελιξίας και στην απελευθέρωση της έντασης που συσσωρεύεται στους μύες μας κατά τη διάρκεια της ημέρας. Η πρακτική του να σηκώνετε τα χέρια σας πάνω από το κεφάλι σας καθώς εισπνέετε βαθιά και στη συνέχεια να τα κατεβάζετε καθώς εκπνέετε είναι ένας ιδιαίτερα αποτελεσματικός τρόπος επέκτασης της χωρητικότητας των πνευμόνων και αύξησης της πρόσληψης οξυγόνου. Η επανάληψη αυτής της άσκησης δέκα φορές μπορεί να αυξήσει σημαντικά τα επίπεδα ενέργειας και να προάγει την αίσθηση ηρεμίας και συγκέντρωσης.

Η σημασία της οξυγόνωσης δεν μπορεί να υπερεκτιμηθεί. Διευρύνοντας συνειδητά τους πνεύμονες και αυξάνοντας την πρόσληψη οξυγόνου, παρέχουμε στα κύτταρα τα καύσιμα που χρειάζονται για να λειτουργήσουν βέλτιστα. Αυτή η αυξημένη οξυγόνωση όχι μόνο βοηθά στη χαλάρωση του σώματος, αλλά ενισχύει και τη γνωστική λειτουργία, βελτιώνοντας την ικανότητά μας να συγκεντρωνόμαστε και να επιλύουμε προβλήματα.

Η σύνδεσή μας με τον φυσικό κόσμο είναι θεμελιώδης για την ευημερία μας, αλλά συχνά διακυβεύεται από τις απαιτήσεις της σύγχρονης ζωής. Το να περνάμε πολύ χρόνο σε εσωτερικούς χώρους, είτε στο σπίτι είτε στο γραφείο, μπορεί να είναι επιζήμιο για τη σωματική και ψυχική μας υγεία. Για όσους δεν μπορούν να βγαίνουν τακτικά από το σπίτι, το άνοιγμα ενός παραθύρου και οι ασκήσεις αναπνοής μπορεί να είναι μια πολύτιμη εναλλακτική λύση. Αυτή η απλή πράξη επιτρέπει την κυκλοφορία φρέσκου αέρα, αναπληρώνοντας το οξυγόνο στο άμεσο περιβάλλον μας και παρέχοντας μια σύντομη αλλά σημαντική σύνδεση με τον έξω κόσμο.

Η ενυδάτωση είναι ένας άλλος ουσιαστικός παράγοντας για τη διατήρηση των επιπέδων ενέργειας και της γενικής υγείας. Αυτό είναι ιδιαίτερα σημαντικό για όσους καταναλώνουν τακτικά καφεΐνη, καθώς ο καφές και άλλα καφεϊνούχα ποτά μπορεί να έχουν διουρητική δράση, οδηγώντας σε μεγαλύτερη απώλεια υγρών. Η εξασφάλιση επαρκούς πρόσληψης νερού καθ' όλη τη διάρκεια της ημέρας συμβάλλει στην εξουδετέρωση αυτής της επίδρασης και ευνοεί τη σωστή ενυδάτωση και την αποτελεσματική λειτουργία των συστημάτων του σώματός μας.

Για όσους αναζητούν γρήγορους και προσιτούς τρόπους για να ενισχύσουν την ενέργεια και την κυκλοφορία, απλές ασκήσεις, όπως τα push ups στα γόνατα, μπορούν να είναι απίστευτα αποτελεσματικές. Η εκτέλεση 10 έως 20 επαναλήψεων αυτής της άσκησης, ακόμη και σε περιορισμένους χώρους, μπορεί να βελτιώσει σημαντικά τον καρδιακό ρυθμό και τη ροή του αίματος, οδηγώντας σε υψηλότερα επίπεδα οξυγόνου και σε αισθητή αύξηση της ενέργειας. Αυτό δείχνει ότι η αποτελεσματική άσκηση δεν απαιτεί πάντα περίπλοκο εξοπλισμό ή μεγάλους χώρους- μερικές φορές οι πιο απλές κινήσεις μπορούν να αποφέρουν βαθιά οφέλη.

Τέλος, η πρακτική της οπτικής χαλάρωσης, η συγκέντρωση σε μακρινά αντικείμενα, μπορεί να προσφέρει μια πολυπόθητη ξεκούραση για τα μάτια και το μυαλό μας. Σε έναν κόσμο όπου μεγάλο μέρος της προσοχής μας επικεντρώνεται σε οθόνες και κοντινές εργασίες, το να αφιερώσουμε μια στιγμή για να κοιτάξουμε τον ορίζοντα ή ένα μακρινό σημείο μπορεί να βοηθήσει στη χαλάρωση των μυών των ματιών και να προσφέρει ένα πνευματικό διάλειμμα. Αυτή η πρακτική της «μακρινής όρασης» μπορεί να είναι ιδιαίτερα ευεργετική κατά τη διάρκεια ή μετά από περιόδους έντονης συγκέντρωσης ή οθόνης.

Κεφάλαιο 8: Δημιουργία ενός ολοκληρωμένου καταλόγου ονείρων

Μια από τις πιο ισχυρές ασκήσεις για να διατηρήσουμε το κίνητρό μας σε σχέση με τις φιλοδοξίες μας είναι η δημιουργία ενός ολοκληρωμένου καταλόγου ονείρων. Παρόμοια με τη δημιουργία μιας λίστας αγορών για τις φιλοδοξίες μας, η άσκηση αυτή χρησιμεύει ως απτή αναπαράσταση των επιθυμιών και των φιλοδοξιών μας. Βάζοντας την πένα στο χαρτί ή τα δάχτυλα στο πληκτρολόγιο, εξωτερικεύουμε τις ενδόμυχες επιθυμίες μας, δίνοντάς τους μορφή και υπόσταση στον φυσικό κόσμο. Αυτή η πράξη της καταγραφής των ονείρων μας είναι κάτι πολύ περισσότερο από ένα απλό οργανωτικό εργαλείο· είναι ένα ψυχολογικό έναυσμα που σηματοδοτεί στο υποσυνείδητό μας τη σημασία αυτών των στόχων, προετοιμάζοντάς μας για δράση και εκπλήρωση.

Κατά τη σύνταξη αυτού του καταλόγου, είναι σημαντικό να τον προσεγγίζετε με φιλοδοξία και ρεαλισμό. Με τον ίδιο τρόπο που κατηγοριοποιούμε τις αγορές μας ανάλογα με την ανάγκη ή το κόστος, θα πρέπει να διαστρωματώσουμε τα όνειρά μας ανάλογα με την αντίληψή μας για την εφικτότητά τους. Αυτό δεν σημαίνει ότι περιορίζουμε τις φιλοδοξίες μας, αλλά ότι τις οργανώνουμε με τρόπο που μας επιτρέπει να αποκτούμε δυναμική μέσω εφικτών ορόσημων, διατηρώντας παράλληλα τους υψηλότερους στόχους μας στο οπτικό μας πεδίο. Δημιουργώντας δύο ξεχωριστούς καταλόγους - έναν για τους στόχους που θεωρούμε ότι είναι εφικτοί και έναν άλλο για εκείνους που φαίνονται πιο μακρινές ή προκλητικές - δημιουργούμε μια ισορροπημένη προσέγγιση των φιλοδοξιών μας που μας δίνει κίνητρο βραχυπρόθεσμα και ταυτόχρονα καλλιεργεί το μακροπρόθεσμο όραμά μας.

Η δύναμη αυτής της άσκησης δεν έγκειται μόνο στη δημιουργία του καταλόγου, αλλά και στη συνεχή παρουσία του στη ζωή μας. Διατηρώντας αυτόν τον κατάλογο των ονείρων κοντά μας, είτε σε ένα φυσικό έγγραφο είτε σε μια ψηφιακή σημείωση, δημιουργούμε μια συνεχή υπενθύμιση των φιλοδοξιών μας. Αυτή η επίμονη παρουσία χρησιμεύει στην ενίσχυση της δέσμευσής μας και διατηρεί τους στόχους μας στο προσκήνιο του μυαλού μας, επηρεάζοντας τις καθημερινές μας αποφάσεις και πράξεις με ανεπαίσθητους αλλά ισχυρούς τρόπους.

Ωστόσο, μια λίστα από μόνη της δεν αρκεί για να μας ωθήσει προς τα όνειρά μας. Για να αξιοποιήσουμε πραγματικά τη δύναμη των φιλοδοξιών μας, πρέπει να τις συνδέσουμε με συγκεκριμένα χρονοδιαγράμματα και μετρήσιμους στόχους. Αυτό το βήμα μετατρέπει τις αόριστες φιλοδοξίες σε στόχους που μπορούν να υλοποιηθούν και παρέχει ένα πλαίσιο προόδου και λογοδοσίας. Θέτοντας συγκεκριμένες προθεσμίες για τα επιτεύγματά μας, δημιουργούμε μια αίσθηση επείγοντος που καταπολεμά την αναβλητικότητα και την αδράνεια, δύο από τους μεγαλύτερους εχθρούς της επιτυχίας.

Για οικονομικούς στόχους, όπως το να γίνουμε εκατομμυριούχοι ή δισεκατομμυριούχοι, αυτή η διαδικασία ποσοτικοποίησης είναι ιδιαίτερα σημαντική. Δεν αρκεί απλώς να επιθυμούμε τον πλούτο- πρέπει να κατανοήσουμε τι ακριβώς σημαίνει αυτό σε αριθμητικούς όρους και να το αναλύσουμε σε διαχειρίσιμα βήματα. Διαιρώντας τον τελικό οικονομικό μας στόχο με το 12, δημιουργούμε μηνιαίους στόχους που χρησιμεύουν ως σκαλοπάτια προς τον μεγαλύτερο στόχο μας. Αυτή η προσέγγιση όχι μόνο κάνει τον στόχο να φαίνεται πιο εφικτός, αλλά παρέχει επίσης τακτικά σημεία ελέγχου για να αξιολογούμε την πρόοδό μας.

Η τακτική αξιολόγηση αποτελεί ουσιαστικό στοιχείο αυτής της διαδικασίας καθορισμού στόχων. Στο τέλος κάθε μήνα, είναι σημαντικό να μετράμε την πρόοδό μας σε σχέση με τους στόχους. Αυτή η αξιολόγηση εξυπηρετεί διάφορους σκοπούς: γιορτάζει τις επιτυχίες μας, όσο μικρές κι αν είναι- εντοπίζει τους τομείς στους οποίους υστερούμε- και μας οδηγεί στην ανάλυση των λόγων για τις επιδόσεις μας. Εάν διαπιστώνουμε συνεχώς ότι υπολείπονται των στόχων μας, αυτό αποτελεί ευκαιρία για ενδοσκόπηση και προσαρμογή της στρατηγικής μας. Μήπως μας λείπουν γνώσεις ή δεξιότητες; Μήπως πρέπει να αφιερώσουμε περισσότερο χρόνο στους στόχους μας; Ή μήπως πρέπει να επιταχύνουμε τις προσπάθειές μας;

Αυτή η διαδικασία τακτικής αναθεώρησης και ανάλυσης είναι αυτό που διαχωρίζει τους ονειροπόλους από τους πράττοντες. Αντιμετωπίζοντας την πραγματικότητα της προόδου μας (ή της έλλειψής της), μπορούμε να λαμβάνουμε τεκμηριωμένες αποφάσεις σχετικά με την προσέγγιση και την τακτική μας. Πρόκειται για έναν κύκλο συνεχούς βελτίωσης που μας κρατά ευέλικτους και δεκτικούς στις προκλήσεις και τις ευκαιρίες που προκύπτουν στην πορεία.

Κεφάλαιο 9:
Η εξέλιξη της μάθησης στον 21ο αιώνα

Η ευκαιρία για πρόοδο δεν ήταν ποτέ μεγαλύτερη. Στο ραγδαία εξελισσόμενο τοπίο του 21ου αιώνα, βρισκόμαστε σε μια μοναδική στιγμή στην ανθρώπινη ιστορία, όταν η σύγκλιση της τεχνητής νοημοσύνης και του Διαδικτύου έχει εγκαινιάσει μια εποχή πρωτοφανούς πρόσβασης στην πληροφορία και τη γνώση. Αυτή η τεχνολογική επανάσταση έχει αλλάξει ριζικά τον τρόπο με τον οποίο προσεγγίζουμε τη μάθηση, την επίλυση προβλημάτων και την προσωπική μας ανάπτυξη, παρέχοντάς μας εργαλεία και πόρους που προηγουμένως ήταν αδιανόητοι. Η δύναμη αυτών των εξελίξεων δεν έγκειται μόνο στην ικανότητά τους να παρέχουν άμεσες απαντήσεις, αλλά και στην ικανότητά τους να αναδιαμορφώνουν τη σκέψη μας, να αμφισβητούν τις προκαταλήψεις μας και να μας οδηγούν σε νέους ορίζοντες κατανόησης και ολοκλήρωσης.

Η έλευση της τεχνητής νοημοσύνης, ειδικότερα, έχει αποδειχθεί ότι αποτελεί μετασχηματιστική δύναμη στην προσπάθειά μας για γνώση και αυτοβελτίωση. Με τη χρήση πλατφορμών βασισμένων στην τεχνητή νοημοσύνη, μπορούμε πλέον να συμμετέχουμε σε δυναμικούς, διαδραστικούς διαλόγους που εμβαθύνουν στα βάθη των αμφιβολιών μας, προσφέροντας ιδέες και διαφορετικές προοπτικές που μπορούν να φωτίσουν μονοπάτια που μπορεί να μην είχαμε σκεφτεί ποτέ. Αυτή η εξερεύνηση με την τεχνολογία ΤΝ δεν αφορά μόνο την εύρεση γρήγορων απαντήσεων- αφορά την εμπλοκή σε μια διαδικασία πνευματικής ανακάλυψης που μπορεί να επηρεάσει βαθιά την κοσμοθεωρία μας, τις αξίες και τις φιλοδοξίες μας.

Καθώς περιηγούμαστε σε αυτό το νέο έδαφος της μάθησης με βάση την ΤΝ, είναι ζωτικής σημασίας να προσεγγίσουμε αυτά τα εργαλεία με πνεύμα περιέργειας και κριτικής σκέψης. Οι απαντήσεις που παρέχει η ΤΝ θα πρέπει να χρησιμεύουν ως εφαλτήριο για περαιτέρω έρευνα, οδηγώντας μας να εμβαθύνουμε σε θέματα, να διασταυρώσουμε πληροφορίες και να συνθέσουμε διαφορετικές απόψεις. Αυτή η διαδικασία της ενεργού ενασχόλησης με τις γνώσεις που παράγει η ΤΝ μπορεί να οδηγήσει σε μια πιο ισχυρή και διαφορετική κατανόηση πολύπλοκων θεμάτων, προωθώντας τη δημιουργικότητα και την καινοτομία στη σκέψη μας.

Συμπληρώνοντας τη δύναμη της τεχνητής νοημοσύνης, το Διαδίκτυο συνεχίζει να λειτουργεί ως ένα απαράμιλλο αποθετήριο ανθρώπινης γνώσης και εμπειρίας. Το κλειδί για την αξιοποίηση αυτού του τεράστιου πόρου έγκειται στην ανάπτυξη εξελιγμένων ερευνητικών δεξιοτήτων. Κατακτώντας την τέχνη της στοχευμένης έρευνας με λέξεις-κλειδιά, μπορούμε να αποκαλύψουμε μια πληθώρα σχετικών πληροφοριών σε διάφορες μορφές - από podcasts και ακουστικά βιβλία μέχρι διαδικτυακά μαθήματα και φόρουμ ειδικών. Αυτή η ποικιλία μαθησιακού υλικού καλύπτει διαφορετικά μαθησιακά στυλ και προτιμήσεις, επιτρέποντάς μας να προσαρμόσουμε το εκπαιδευτικό μας ταξίδι στις ατομικές μας ανάγκες και συνθήκες.

Η διαθεσιμότητα δωρεάν διαδικτυακών μαθημάτων για σχεδόν κάθε θέμα που μπορεί να φανταστεί κανείς έχει εκδημοκρατίσει την εκπαίδευση με τρόπο που ήταν αδιανόητος μόλις πριν από μερικές δεκαετίες. Αυτά τα μαθήματα, που συνήθως προσφέρονται από ιδρύματα υψηλού κύρους και ηγέτες του κλάδου, προσφέρουν δομημένες μαθησιακές διαδρομές που μπορούν να μας βοηθήσουν να αποκτήσουμε νέες δεξιότητες, να εμβαθύνουμε στην κατανόηση πολύπλοκων θεμάτων και να είμαστε ενήμεροι για τις τελευταίες εξελίξεις στους τομείς που μας ενδιαφέρουν. Αναζητώντας ενεργά και ασχολούμενοι με αυτούς τους εκπαιδευτικούς πόρους, μπορούμε να διευρύνουμε συνεχώς τη βάση των γνώσεών μας και να βελτιώνουμε τις επαγγελματικές μας δεξιότητες.

Ωστόσο, η πραγματική αξία αυτών των τεχνολογικών εξελίξεων και των εκπαιδευτικών ευκαιριών δεν έγκειται στην απλή ύπαρξή τους, αλλά στην προθυμία μας να ασχοληθούμε με αυτές επίμονα και σκόπιμα. Η ιστορία του ατόμου που εγκατέλειψε μια δυνητικά προσοδοφόρα δουλειά επειδή δεν μπορούσε να βρει αμέσως τις πληροφορίες που χρειαζόταν είναι μια οδυνηρή απεικόνιση των παγίδων της ανυπομονησίας και της έλλειψης επιμονής στην εποχή μας που είναι πλούσια σε πληροφορίες. Η ιστορία αυτή υπογραμμίζει μια θεμελιώδη αλήθεια: η επιτυχία δεν εξαρτάται συνήθως από την άμεση διαθεσιμότητα των πληροφοριών, αλλά από την αποφασιστικότητά μας να τις αναζητήσουμε, την ανθεκτικότητά μας απέναντι στις αρχικές αποτυχίες και τη δέσμευσή μας για συνεχή μάθηση και βελτίωση.

Κεφάλαιο 10: Το συναισθηματικό φάσμα

Το πλήρες φάσμα των συναισθημάτων μας, από τα βάθη της απελπισίας μέχρι τα ύψη της χαράς, δεν είναι μόνο φυσιολογικές αντιδράσεις, αλλά και απαραίτητες για τον κόσμο στον οποίο ζούμε. Ζούμε σε μια κοινωνία που συχνά μοιάζει άρρωστη, μαστιζόμενη από πλήθος προβλημάτων που προκαλούν την αίσθηση της δικαιοσύνης, της συμπόνιας και του σκοπού μας. Σε αυτό το πλαίσιο, είναι φυσικό να νιώθουμε μια σειρά συναισθημάτων, συμπεριλαμβανομένης της κατάθλιψης και του θυμού.

Ο κόσμος στον οποίο ζούμε απέχει πολύ από το να είναι τέλειος, και είναι ακριβώς αυτή η ατέλεια που προκαλεί ένα κοκτέιλ συναισθημάτων. Όταν έρχονται αντιμέτωποι με τη σκληρή πραγματικότητα της ύπαρξής μας, πολλοί άνθρωποι επιλέγουν να καταφύγουν στην παρηγορητική αγκαλιά της άρνησης ή στα μουδιαστικά αποτελέσματα της απάθειας. Χτίζουν περίτεχνα ψυχικά οχυρά για να προστατευτούν από τις αλήθειες που μπορεί να καταρρίψουν τις προσεκτικά κατασκευασμένες ψευδαισθήσεις τους περί κανονικότητας. Ωστόσο, αυτή η άρνηση να αναγνωρίσουν την πραγματικότητα έχει υψηλό τίμημα - τους καταδικάζει σε μια κατώτερη κατάσταση ύπαρξης, χωρίς γνήσια ανάπτυξη και ουσιαστική εμπλοκή με τον κόσμο γύρω τους.

Σε αντίθεση με τη δημοφιλή πεποίθηση, το να νιώθετε αρνητικά συναισθήματα όπως η κατάθλιψη και ο θυμός δεν σας κάνει απαισιόδοξο ή κυνικό. Αντίθετα, τα συναισθήματα αυτά μπορούν να λειτουργήσουν ως ισχυροί καταλύτες για τον προσωπικό μετασχηματισμό και την κοινωνική αλλαγή. Σε γενικές γραμμές, αποτελούν τα πρώτα βήματα σε ένα ταξίδι προς τη μεγαλύτερη συνειδητοποίηση και δράση. Η δική μου ζωή υπέστη μια βαθιά μεταμόρφωση όταν επέτρεψα στον εαυτό μου να βιώσει και να αναγνωρίσει πλήρως τον βαθιά ριζωμένο θυμό και την απογοήτευση που ένιωθα για τη χώρα μου, τον πολιτισμό μου και τις κυρίαρχες αξίες που έμοιαζαν να διέπουν την κοινωνία.

Για χρόνια, οι άνθρωποι γύρω μου επέκριναν αυτό που θεωρούσαν υπερβολική αρνητικότητα. Ακόμα και σήμερα ακούω αυτά τα σχόλια. Αλλά η αντίληψή τους για τη θετικότητα είναι θεμελιωδώς λανθασμένη. Η αληθινή θετικότητα δεν έχει να κάνει με τη διατήρηση μιας πρόσοψης ευτυχίας μπροστά στις αντιξοότητες ή την αδικία. Δεν έχει να κάνει με το να καταπίνεις το δηλητήριο με ένα χαμόγελο, προσποιούμενος ότι όλα είναι μια χαρά, ενώ προφανώς δεν είναι. Η αυθεντική θετικότητα πηγάζει από μια θέση διαύγειας και διάκρισης - την ικανότητα να διακρίνεις μεταξύ σωστού και λάθους, να αναγνωρίζεις τις δύο πραγματικότητες, αυτό που είναι και αυτό που θα μπορούσε να είναι, και να εργάζεσαι ακούραστα για τη θετική αλλαγή.

Αυτός ο δρόμος προς την αληθινή θετικότητα είναι επίπονος και συχνά μοναχικός. Απαιτεί θάρρος, επιμονή και ακλόνητη δέσμευση για προσωπική ανάπτυξη και κοινωνική βελτίωση. Πολλοί αποφεύγουν αυτό το δύσκολο ταξίδι, προτιμώντας να φορέσουν τη μάσκα της ψεύτικης αρετής. Προβάλλουν μια εικόνα θετικότητας που είναι επιφανειακή, μια λεπτή επίστρωση που καλύπτει έναν πυρήνα δειλίας και εφησυχασμού. Τα άτομα αυτά δεν έχουν το θάρρος να αντιμετωπίσουν τις δικές τους αδυναμίες, πόσο μάλλον να αναμετρηθούν με το μνημειώδες έργο της αλλαγής του κόσμου γύρω τους.

Η θλιβερή αλήθεια είναι ότι πολύ λίγοι άνθρωποι ενδιαφέρονται πραγματικά για τη μεταμόρφωση του εαυτού τους, πόσο μάλλον για τη βελτίωση του πλανήτη μας και της κοινωνίας στο σύνολό της. Αυτή η απάθεια δεν είναι απλώς παθητική- συχνά εκδηλώνεται ως ενεργητική εχθρότητα απέναντι σε όσους προσπαθούν να αλλάξουν. Όσο περισσότερο εργάζεστε για την προσωπική σας ανάπτυξη και την κοινωνική βελτίωση, τόσο πιο πιθανό είναι να αντιμετωπίσετε φθόνο, κριτική και αντίσταση από εκείνους που είναι ικανοποιημένοι με το status quo. Αυτή η αντίθεση μπορεί να είναι αποθαρρυντική, αλλά είναι επίσης ένα σημάδι ότι βρίσκεστε στο σωστό δρόμο - αμφισβητώντας την άνετη αδράνεια που κρατάει τόσους πολλούς ανθρώπους κολλημένους σε κύκλους μετριότητας και δυσαρέσκειας.

Παρά τα εμπόδια αυτά, είναι σημαντικό να θυμάστε τον τελικό στόχο αυτού του ταξιδιού: να εφαρμόσετε τις γνώσεις που αποκτήσατε, να μεταμορφώσετε τον εαυτό σας και την άμεση πραγματικότητά σας και να προχωρήσετε σταθερά προς μια ζωή που σας εμπνέει και σας γεμίζει. Στον πυρήνα σας, είστε ένα πνευματικό ον, που κατοικεί προσωρινά σε μια φυσική μορφή, αλλά με άπειρες δυνατότητες ανάπτυξης και μετασχηματισμού. Όλα τα άλλα - οι προσδοκίες της κοινωνίας, οι πολιτιστικές νόρμες, ακόμη και οι πεποιθήσεις των ανθρώπων γύρω σας - είναι προσωρινά και δευτερεύοντα. Είναι το φόντο πάνω στο οποίο ζωγραφίζετε το αριστούργημα της ζωής σας, όχι τα πινέλα ή το ίδιο το χρώμα.

Κεφάλαιο 11: Η αλληλεπίδραση της συνείδησης

Είμαστε ταυτόχρονα ο υφαντής και τα νήματα, δημιουργώντας τη δική μας πραγματικότητα μέσα από μια πολύπλοκη αλληλεπίδραση σκέψεων, πράξεων και συμπαντικών νόμων. Αυτή η διαδικασία, που συχνά περιγράφεται μέσα από μεταφορές όπως ο πλανήτης-φυλακή, το Matrix ή οι νόμοι της φυσικής, είναι ουσιαστικά ένα ταξίδι μέσα από στρώματα συνείδησης και εκδήλωσης. Στον πυρήνα της, η πραγματικότητά μας διαμορφώνεται από κώδικες, αριθμούς, δομές, θεϊκούς νόμους και καρμικές αρχές που καθοδηγούν την ύπαρξή μας και διευκρινίζουν τις αποχρώσεις των αποτελεσμάτων μας. Μεταξύ δύο οποιωνδήποτε σημείων στο ταξίδι της ζωής μας υπάρχουν αμέτρητα ενδιάμεσα στάδια, καθένα από τα οποία επηρεάζεται από τις επιλογές μας, τις σκέψεις μας και τις ενέργειες που συναντάμε και εκπέμπουμε.

Η παρούσα στιγμή που βιώνουμε είναι ουσιαστικά το αποκορύφωμα των προηγούμενων σκέψεων και ενεργειών μας. Η έννοια αυτή τονίζει τη βαθιά ευθύνη που έχουμε για τις τρέχουσες συνθήκες μας. Ωστόσο, είναι σημαντικό να συνειδητοποιήσουμε ότι η σχέση μεταξύ των *σκέψεών μας και των εκδηλώσεών τους δεν είναι πάντα γραμμική ή άμεσα εμφανής. Μερικές φορές, οι σκέψεις που κατευθύνονται προς μια συγκεκριμένη εμπειρία ή στόχο μπορεί να έχουν απροσδόκητα αποτελέσματα σε φαινομενικά άσχετους τομείς της ζωής μας. Αυτή η διασύνδεση υπογραμμίζει την ολιστική φύση της ύπαρξής μας και τις εκτεταμένες επιπτώσεις της νοητικής και συναισθηματικής μας κατάστασης.*

Πολλοί από εμάς παλεύουμε με προβλήματα που φαίνονται αδικαιολόγητα ή δυσανάλογα με τις πράξεις μας. Μετά από βαθύτερο προβληματισμό, μπορούμε να συνειδητοποιήσουμε ότι αυτές οι προκλήσεις είναι εκδηλώσεις των σκέψεών μας, που συχνά επηρεάζονται από εξωτερικές ενέργειες. Αυτές οι ενέργειες μπορεί να προέρχονται από διάφορες πηγές: μέλη της οικογένειας, ερωτικούς συντρόφους ή ακόμη και περιστασιακούς γνωστούς που συναντάμε στην καθημερινή μας ζωή. Ο αντίκτυπος αυτών των αλληλεπιδράσεων στα μοτίβα της σκέψης μας, και επομένως στην πραγματικότητά μας, μπορεί να είναι βαθύς και μακροχρόνιος.

Το προσωπικό μου ταξίδι θεραπείας και μετασχηματισμού ξεκίνησε με μια σαφή συνειδητοποίηση: παρά τη γνώση και την κατανόησή μου, δεν μπορούσα να ευδοκιμήσω σε ένα περιβάλλον που τροφοδοτούσε συνεχώς το θυμό και την αρνητικότητά μου. Η επίμονη κατάσταση απογοήτευσης είχε γίνει τόσο συντριπτική που έπνιγε τη δημιουργικότητα και το πάθος μου, εμποδίζοντας ακόμη και την ικανότητά μου να γράφω. Το βάθος της δυσαρέσκειάς μου προς τους ανθρώπους και τις συνθήκες γύρω μου είχε φτάσει σε κρίσιμο σημείο.

Σε αυτές τις καταστάσεις, τα δραστικά μέτρα είναι συχνά απαραίτητα. Η πράξη της απομάκρυνσης από ένα τοξικό περιβάλλον, τόσο σωματικά όσο και συναισθηματικά, μπορεί να είναι ένα κρίσιμο πρώτο βήμα προς τη θεραπεία. Για μένα, αυτό σήμαινε να μετακομίσω σε ένα εντελώς διαφορετικό μέρος, μακριά από την πηγή των αρνητικών συναισθημάτων μου. Αυτή η γεωγραφική και συναισθηματική απόσταση παρείχε τον απαραίτητο χώρο για ενδοσκόπηση και θεραπεία.

Καθώς άρχισα να θεραπεύομαι, παρατήρησα μια αλλαγή στις ενέργειες γύρω μου. Οι σκέψεις μου, τώρα πιο θετικές και ευθυγραμμισμένες με τον αληθινό μου εαυτό, άρχισαν να προσελκύουν αντίστοιχες εμπειρίες και ευκαιρίες. Αυτή η ευθυγράμμιση δεν έγινε από τη μια μέρα στην άλλη- χρειάστηκε αποφασιστικότητα και συνεχής επιμονή. Ωστόσο, με την πάροδο του χρόνου, οι σωστές ενέργειες βρήκαν το δρόμο τους προς εμένα, με αποτέλεσμα τη σημαντική βελτίωση της συνολικής εμπειρίας της ζωής μου.

Κεφάλαιο 12: Πώς να διατηρήσετε την ακεραιότητα

Στα βαθύτερα επίπεδα της συνείδησής μας, είμαστε όλοι ένα, συνδεδεμένοι με ένα αόρατο νήμα που μας ενώνει σε μια κοινή ανθρώπινη εμπειρία. Αν και αυτή η σύνδεση είναι όμορφη στην ουσία της, μπορεί μερικές φορές να οδηγήσει στην απορρόφηση σκέψεων, συναισθημάτων και ενεργειών που μπορεί να μην εξυπηρετούν το γενικότερο καλό μας. Το κλειδί για να διατηρήσουμε την ατομική μας ακεραιότητα και ταυτόχρονα να επωφεληθούμε από τη συλλογική μας ενότητα είναι να αναπτύξουμε μια αυξημένη επίγνωση του τι πραγματικά μας ανήκει και τι μπορεί να έχουμε ακούσια απορροφήσει από τους άλλους.

Η συνείδηση γίνεται το πιο ισχυρό μας εργαλείο σε αυτή την προσπάθεια. Καθώς αποκτούμε μεγαλύτερη επίγνωση των δικών μας σκέψεων, συναισθημάτων και κινήτρων, γίνεται ευκολότερο να διακρίνουμε τι είναι αυθεντικά δικό μας και τι μπορεί να έχουμε απορροφήσει από το περιβάλλον μας ή τους ανθρώπους γύρω μας. Αυτή η επίγνωση λειτουργεί ως φίλτρο, επιτρέποντάς μας να αναγνωρίζουμε και να απελευθερώνουμε σκέψεις και συναισθήματα που δεν συνάδουν με τον αληθινό μας εαυτό.

Όταν έρχεστε αντιμέτωποι με αρνητικές ή ηττοπαθείς σκέψεις, είναι σημαντικό να τις προσεγγίζετε με μια αίσθηση αποστασιοποίησης και περιέργειας. Αντί να ταυτιζόμαστε αμέσως με αυτές τις σκέψεις ή να τους επιτρέπουμε να υπαγορεύουν τη συναισθηματική μας κατάσταση, μπορούμε να επιλέξουμε να τις παρατηρήσουμε αντικειμενικά. Ρωτήστε τον εαυτό σας: «Είναι πραγματικά αυτή η σκέψη μου; Ποιος θα μπορούσε να σκέφτεται κάτι τέτοιο για μένα;»

Αυτή η απλή πράξη αμφισβήτησης μπορεί να δημιουργήσει μια ισχυρή αλλαγή προοπτικής, επιτρέποντάς μας να διαχωρίσουμε τον εαυτό μας από τις σκέψεις που δεν μας εξυπηρετούν.

Το γέλιο μπορεί συχνά να είναι ένα απίστευτα ισχυρό εργαλείο σε αυτή τη διαδικασία. Η ικανότητα να γελάμε με τις δικές μας αρνητικές σκέψεις ή το παράλογο ορισμένων καταστάσεων μπορεί να διαλύσει αμέσως τη δύναμή τους πάνω μας. Είναι μια υπενθύμιση να μην παίρνουμε τον εαυτό μας ή τις σκέψεις μας πολύ σοβαρά και μπορεί να προσφέρει μια αναγκαία στιγμή ελαφρότητας σε περιόδους άγχους ή αμφιβολιών.

Στο ταξίδι της αυτογνωσίας και της προσωπικής ανάπτυξης, μπορεί να υπάρξουν στιγμές που θα βρεθούμε να ταξιδεύουμε μέσα από κάτι που μοιάζει με σκοτεινό τούνελ. Αυτές οι περίοδοι σκοταδιού, αν και αποτελούν πρόκληση, είναι συχνά απαραίτητοι πρόδρομοι για βαθιές ανακαλύψεις και προσωπική μεταμόρφωση. Είναι σημαντικό να θυμόμαστε ότι η ένταση και η διάρκεια αυτών των απαιτητικών περιόδων επηρεάζονται σε μεγάλο βαθμό από την εσωτερική μας κατάσταση και από τον τρόπο που επιλέγουμε να τις περάσουμε.

Κατά τη διάρκεια αυτών των περιόδων, είναι απαραίτητο να δημιουργούμε στιγμές μοναξιάς και αυτοσυγκέντρωσης. Αυτό δεν σημαίνει απαραίτητα ότι πρέπει να απομονωθούμε εντελώς, αλλά μάλλον να βρούμε τρόπους να συνδεθούμε με τον εσωτερικό μας εαυτό, μακριά από τον θόρυβο και τις επιρροές του εξωτερικού κόσμου. Θα μπορούσε να είναι κάτι τόσο απλό όσο το να κάνετε έναν μοναχικό περίπατο στη φύση, να ακούτε μουσική που συντονίζεται με την ψυχή σας ή να κάθεστε ήσυχα δίπλα στη θάλασσα και να αφήνετε τον ρυθμικό ήχο των κυμάτων να ξεπλένει τις ανησυχίες σας.

Αυτές οι στιγμές μοναξιάς χρησιμεύουν ως ευκαιρίες για να δώσουμε στον εαυτό μας αγάπη στην πιο αγνή της μορφή - αποδεχόμενοι και καλλιεργώντας την αληθινή μας ουσία. Σε αυτές τις στιγμές σιωπής μπορούμε να ακούσουμε τους ψιθύρους της εσωτερικής μας σοφίας που μας καθοδηγεί στο αυθεντικό μας μονοπάτι.

Η τροφή που τρώμε, αν και συχνά παραβλέπεται όσον αφορά τον τρόπο με τον οποίο επηρεάζει τα συναισθήματά μας, παίζει επίσης σημαντικό ρόλο στη γενική μας ευημερία, συμπεριλαμβανομένης της ψυχικής μας κατάστασης. Η διατροφή του σώματός μας με πλήρη, πλούσια σε θρεπτικά συστατικά τρόφιμα μπορεί να έχει βαθιά επίδραση στη διάθεση και τα επίπεδα ενέργειάς μας. Οι ενεργειακοί χυμοί, γεμάτοι βιταμίνες και αντιοξειδωτικά, μπορούν να δώσουν στον οργανισμό μας μια φυσική ώθηση. Τα φρούτα, με τις φυσικές αποτοξινωτικές τους ιδιότητες, μπορούν να βοηθήσουν να απαλλαγεί το σώμα μας από τις τοξίνες που μπορεί να μας βαραίνουν σωματικά και συναισθηματικά.

Ενώ είναι σημαντικό να φροντίζουμε τη σωματική μας υγεία, είναι εξίσου σημαντικό να τρέφουμε το πνεύμα μας με μια αίσθηση σκοπού και κατεύθυνσης. Η πράξη του σχεδιασμού της καθημερινής μας ζωής βοηθά να αλλάξουμε τη δόνησή μας και να ευθυγραμμιστούμε με τις υψηλότερες φιλοδοξίες μας. Η πράξη της καταγραφής των καθημερινών μας στόχων τους καθιστά απτούς, μετατρέποντας τις αόριστες επιθυμίες σε συγκεκριμένους στόχους για τους οποίους μπορούμε να εργαστούμε. Δεν πρόκειται να ακολουθήσουμε άκαμπτα ένα προκαθορισμένο μονοπάτι, αλλά να δημιουργήσουμε μια ευέλικτη δομή που μπορεί να εξελίσσεται καθώς το κάνουμε. Η ίδια η πράξη της ενασχόλησης με αυτή τη διαδικασία μπορεί να αλλάξει την ενέργεια και την προοπτική μας, ανοίγοντάς μας σε νέες δυνατότητες και ευκαιρίες. Να επιτρέπετε πάντα στιγμές θαυμασμού στην καθημερινότητά σας, και σίγουρα θα τις περιμένετε με ανυπομονησία όπως ένα παιδί την ημέρα των Χριστουγέννων. Ποτέ δεν ξέρετε τι μπορεί να σας πει ένας ξένος που δεν γνωρίζατε ήδη, και αυτό θα μπορούσε να είναι ο καταλύτης για την επόμενη εμπνευσμένη αλλαγή σας.

Κεφάλαιο 13: Ο καταλύτης της απουσίας

Υπάρχουν φορές που η απουσία των πάντων γίνεται ο καταλύτης για μια βαθιά μεταμόρφωση. Το ταξίδι μου ξεκίνησε σε ένα τέτοιο κενό, έναν χώρο όπου τα υλικά αγαθά και η συμβατική επιτυχία απουσίαζαν επιδεικτικά. Σε αυτό το κενό ανακάλυψα τον πλούτο της πνευματικότητας, έναν άυλο πλούτο που γέμισε το κενό της ύπαρξής μου.

Η πνευματικότητα, ωστόσο, δεν είναι ένας προορισμός, αλλά ένα μονοπάτι συνεχούς εξερεύνησης. Καθώς βυθιζόμουν βαθύτερα σε αυτό το πεδίο, ένιωθα πεινασμένος για περισσότερη γνώση, περισσότερη κατανόηση. Αυτή η ακόρεστη περιέργεια με οδήγησε να βυθιστώ σε έναν κόσμο βιβλίων, καθένα από τα οποία υποσχόταν διαφώτιση, απαντήσεις ή τουλάχιστον μια ματιά στα μυστήρια της ύπαρξης. Καθώς όμως ξεφύλλιζα αμέτρητες σελίδες, συνειδητοποίησα ότι πολλά από αυτά που διάβαζα ήταν, για να το θέσω ευθέως, πλήρεις ανοησίες.

Αυτή η συνειδητοποίηση δεν ήταν εμπόδιο, αλλά πρόκληση. Με ενθάρρυνε να κοσκινίζω την ήρα, αναζητώντας πυρήνες σοφίας που θα μπορούσαν να εφαρμοστούν στην πραγματική ζωή. Άρχισα να αποστάζω την ουσία όσων διάβαζα, αντλώντας πρακτικές ιδέες και μετατρέποντάς τες σε προσωπικές σημειώσεις. Αυτές οι σημειώσεις, που γεννήθηκαν από αμέτρητες ώρες ανάγνωσης και προβληματισμού, εξελίχθηκαν σταδιακά σε αυτοτελή βιβλία - όχι μεγάλες φιλοσοφικές πραγματείες, αλλά συλλογές σκέψεων και παρατηρήσεων που είχαν απήχηση στην πραγματικότητα της καθημερινής ζωής.

Η προσέγγισή μου στη συγγραφή, η οποία επικεντρώνεται σε αυτές τις αποσταγμένες σκέψεις και τις πρακτικές ιδέες, αντιμετωπίστηκε με χλευασμό από ορισμένους που προσκολλώνται σε πιο παραδοσιακές αντιλήψεις περί συγγραφής. Γελούν και απορρίπτουν το έργο μου ως απλή καταγραφή σημειώσεων και όχι ως «πραγματική» συγγραφή. Αλλά το γέλιο και η κριτική τους αποκαλύπτουν περισσότερα για τους περιορισμούς τους παρά για τους δικούς μου. Η αδυναμία τους να γεφυρώσουν το χάσμα μεταξύ του δικού τους τρόπου σκέψης και του δικού μου δεν αντανακλά τις δικές μου αδυναμίες, αλλά τους δικούς τους πνευματικούς περιορισμούς.

Έχω καταλήξει να βλέπω αυτές τις επικρίσεις ως μια μορφή αναπηρίας, έναν περιορισμό της προοπτικής που εμποδίζει τα άτομα αυτά να δουν την αξία των εναλλακτικών προσεγγίσεων στη γραφή και τη σκέψη. Είναι σαν κάποιος με ένα πόδι να με κοροϊδεύει επειδή έχω δύο - η κριτική τους προέρχεται από μια θέση έλλειψης, όχι αφθονίας. Μπροστά σε μια τέτοια στενοκεφαλιά, ο θυμός δεν εξυπηρετεί κανέναν σκοπό. Αντιθέτως, νιώθω ένα μείγμα οίκτου και αποστασιοποίησης.

Όταν οι άνθρωποι εκτοξεύουν προσβολές που γεννιούνται από τη δική τους βλακεία, μπορώ μόνο να τους δω γι' αυτό που είναι - άτομα παγιδευμένα σε έναν κόσμο με αποχρώσεις του γκρι, ανίκανα να αντιληφθούν ή να εκτιμήσουν τα ζωντανά χρώματα που εμπλουτίζουν την πραγματικότητά μου. Το γέλιο τους για την πολύχρωμη ύπαρξή μου είναι απόδειξη της τύφλωσής τους, όχι της αυταπάτης μου. Γιατί να επιτρέψω στη μονόχρωμη οπτική τους να μειώσει τις ζωηρές αποχρώσεις του κόσμου μου;

Το αληθινό μέτρο της αξίας της ζωής μου δεν βρίσκεται στις απόψεις αυτών των αρνητών, αλλά στο νόημα που αντλώ από τις εμπειρίες μου και την εκτίμηση εκείνων που ταυτίζονται με το έργο μου. Αυτό το νόημα ενισχύεται από τις συνδέσεις που δημιουργώ με συγγενικά πνεύματα που βρίσκουν αξία στην προοπτική μου, που βρίσκουν παρηγοριά, έμπνευση ή διορατικότητα στα λόγια που μοιράζομαι.

Παρόλο που η ζωή μου είναι καλή τώρα, ο δρόμος μέχρι εδώ ήταν γεμάτος προκλήσεις. Η τελευταία δεκαετία ήταν ιδιαίτερα δύσκολη, σημαδεύτηκε από δυσκολίες που έμοιαζαν αδικαιολόγητες δεδομένων των προθέσεών μου. Πλησίασα τον κόσμο με καλοσύνη, αλλά αντιμετωπίστηκα με εχθρότητα και αρνητισμό. Αυτή η εμπειρία κατέρριψε την αφελή αντίληψη ότι η καθολική αγάπη και η συγχώρεση είναι πάντα η απάντηση. Η σκληρή πραγματικότητα είναι ότι πολλοί άνθρωποι λειτουργούν από μια θέση βαθιάς άγνοιας, κάνοντας ριζοσπαστικές υποθέσεις βασισμένες σε περιορισμένη κατανόηση.

Αυτή η συνειδητοποίηση με οδήγησε να εγκαταλείψω κάθε ρομαντική άποψη για την ανθρώπινη φύση ή την παγκόσμια αρμονία. Οι γεωπολιτικές εντάσεις που σιγοβράζουν στην Ευρώπη, ιδίως με τη

Ρωσία, χρησιμεύουν ως αυστηρή υπενθύμιση της ικανότητας της ανθρωπότητας για συγκρούσεις και αυτοκαταστροφή. Αν και δεν επιθυμώ ενεργά τον πόλεμο, έχω χάσει την ιδεαλιστική πεποίθηση ότι η ειρήνη είναι πάντα δυνατή ή ακόμη και επιθυμητή εις βάρος της αλήθειας και της δικαιοσύνης.

Καθώς έχω εντρυφήσει στην ιστορική έρευνα και έχω επανεξετάσει πνευματικά κείμενα μέσα από πιο ακριβείς μεταφράσεις, έχω καταλήξει σε ένα ανησυχητικό συμπέρασμα: ο κόσμος βρίσκεται σε κατάσταση βαθιάς δυσλειτουργίας, κυρίως επειδή οι περισσότεροι άνθρωποι κάνουν βαθιά λάθη στη σκέψη τους. Η ιστορία που μας έχουν διδάξει είναι συνήθως μια απολυτοποιημένη εκδοχή των γεγονότων, χωρίς αποχρώσεις και χειραγωγημένη για να εξυπηρετεί διάφορες ατζέντες. Ανακάλυψα ότι η αλήθεια είναι πολύ πιο σύνθετη και συχνά έρχεται σε αντίθεση με τις αφηγήσεις που κυριαρχούν στο δημόσιο διάλογο.

Αυτό το ταξίδι της ανακάλυψης ήταν ταυτόχρονα διαφωτιστικό και αποκαρδιωτικό. Από τη μία πλευρά, είναι συναρπαστικό να ξεφλουδίζεις στρώματα παραπληροφόρησης και να βλέπεις τις υποκείμενες πραγματικότητες που διαμορφώνουν τον κόσμο μας. Από την άλλη πλευρά, είναι βαθιά ανησυχητικό να συνειδητοποιείς την έκταση της άγνοιας και της πλάνης που διαπερνά την κοινωνία.

Κεφάλαιο 14: Αληθινή καινοτομία και συμβατική σκέψη

Έχω αγαπήσει τη διαδικασία της συνεχούς επανεφεύρεσης. Κάθε μέρα φέρνει την ευκαιρία να αποτινάξω το δέρμα του χθεσινού εαυτού μου και να επανεμφανιστώ με νέες προοπτικές και δεξιότητες. Όσο περισσότερο ασχολούμαι με τις νέες δυνατότητες του κόσμου, τόσο λιγότερο ανησυχώ για τις απόψεις ή τις κρίσεις των άλλων. Αυτό δεν είναι απόρριψη της κριτικής ή της ανατροφοδότησης- είναι αναγνώριση ότι η πραγματική καινοτομία συχνά απαιτεί να υπερβούμε τους περιορισμούς της συμβατικής σκέψης και των προσδοκιών.

Σε αυτό το ταξίδι συνεχούς ανάπτυξης και επανεφεύρεσης, συνειδητοποίησα ότι ο φόβος του θανάτου - είτε κυριολεκτικά είτε μεταφορικά - συχνά πηγάζει από την προσκόλληση σε μια ψεύτικη προσωπικότητα, έναν κατασκευασμένο εαυτό που πιστεύουμε ότι μας καθορίζει. Ωστόσο, όταν μαθαίνουμε να απελευθερωνόμαστε από αυτές τις σταθερές ταυτότητες, όταν αγκαλιάζουμε τη συνεχή ροή της ύπαρξης, βρίσκουμε ένα είδος ελευθερίας που επιτρέπει την πραγματική δημιουργικότητα και ανάπτυξη.

Αυτή η προοπτική για τη ζωή και την εργασία ευθυγραμμίζεται στενά με την αρχική παραδοχή ότι η καλοσύνη ξεκινά μέσα μας. Καλλιεργώντας την εσωτερική καλοσύνη και αγκαλιάζοντας τις νέες δυνατότητες με ενθουσιασμό αντί για φόβο, δημιουργούμε τα θεμέλια για μια ζωή με νόημα, σκοπό και θετικό αντίκτυπο. Θα μπορούσαμε ακόμη και να το ονομάσουμε μια μορφή αυτοαγάπης.

Καθώς περιηγούμαστε στις πολυπλοκότητες του σύγχρονου κόσμου, με το μείγμα πιθανών συγκρούσεων και τεχνολογικών θαυμάτων, αυτή η προσέγγιση της εσωτερικής καλοσύνης, της συνεχούς ανάπτυξης και της ενθουσιώδους ενασχόλησης με τις νέες δυνατότητες προσφέρει μια διέξοδο προς τα εμπρός. Μας επιτρέπει να παραμείνουμε προσγειωμένοι στις αξίες μας και, ταυτόχρονα, να είμαστε ανοιχτοί στις μετασχηματιστικές δυνατότητες των νέων ιδεών και τεχνολογιών.

Τα βιβλία και οι ιδέες που θα προκύψουν από αυτή την προσέγγιση έχουν τη δυνατότητα να αναδιαμορφώσουν την κατανόησή μας για τον εαυτό μας και τον κόσμο μας. Θα προέλθουν όχι μόνο από την ατομική ιδιοφυΐα, αλλά από τη συλλογική σοφία της ανθρωπότητας, συντεθειμένη και επανασχεδιασμένη μέσα από το φακό της προσωπικής εμπειρίας και υποβοηθούμενη από τη δύναμη της τεχνητής νοημοσύνης. Με αυτόν τον τρόπο, μπορούμε να ελπίζουμε ότι θα δημιουργήσουμε έργα που όχι μόνο θα αντικατοπτρίζουν το καλύτερο της ανθρώπινης σκέψης, αλλά και θα μας οδηγήσουν σε νέα σύνορα κατανόησης και δυνατοτήτων.

Καθώς κινούμαστε προς αυτό το συναρπαστικό και αβέβαιο μέλλον, ας θυμόμαστε ότι η αληθινή καλοσύνη, όπως και η αληθινή δημιουργικότητα, ξεκινά από μέσα μας. Καλλιεργώντας τον εσωτερικό μας εαυτό, αγκαλιάζοντας την αλλαγή και παραμένοντας ανοιχτοί στα θαύματα της ζωής και της τεχνολογίας, μπορούμε να δημιουργήσουμε ένα μέλλον όχι μόνο καλό, αλλά πραγματικά εξαιρετικό.

Σε έναν κόσμο που συχνά χαρακτηρίζεται από παράλογη βία, μίσος και μια συντριπτική αφθονία παραλογισμού, η αναζήτηση του νοήματος αναδύεται ως φάρος ελπίδας και σκοπού. Η ύπαρξή μας, όσο εύθραυστη και πεπερασμένη κι αν είναι, μας δίνει μια μοναδική ευκαιρία να δημιουργήσουμε νόημα μέσα από το χάος, να εμπλουτίσουμε τις φευγαλέες στιγμές μας με βάθος και αξία. Αντί να μας παραλύει ο φόβος, η συνειδητοποίηση της παροδικότητας της ζωής θα πρέπει να λειτουργεί ως καταλύτης για δράση, εμπνέοντάς μας να αξιοποιήσουμε στο έπακρο τον χρόνο μας εδώ, όσο μακρύς ή σύντομος κι αν είναι.

Αυτή η αναζήτηση του νοήματος είναι μια πρακτική προσέγγιση της ζωής που μπορεί να παράγει απτά αποτελέσματα. Σκεφτείτε τη συχνά αναφερόμενη διάκριση μεταξύ των πλουσιότερων ατόμων του κόσμου και των απλών ανθρώπων. Το βασικό στοιχείο διαφοροποίησης, υποστηρίζουν πολλοί, δεν είναι απαραίτητα οι πράξεις τους, αλλά η εστίασή τους. Αυτή η παρατήρηση ευθυγραμμίζεται βαθιά με τις δικές μου εμπειρίες και παρατηρήσεις. Σε όλη μου τη ζωή, έχω δει τη δύναμη της εστίασης με λέιζερ στην πράξη. Όσοι διατηρούν ακλόνητη εστίαση στους στόχους τους, ακόμη και όταν επιδιώκουν φαινομενικά απλές ιδέες, συχνά επιτυγχάνουν τα επιθυμητά αποτελέσματα. Από την άλλη πλευρά, τα άτομα που είναι ευλογημένα με μεγάλες δυνατότητες και απλές εργασίες συχνά δυσκολεύονται να σημειώσουν πρόοδο, με τις προσπάθειές τους να διαλύονται λόγω έλλειψης εστίασης ή απλώς έλλειψης ενδιαφέροντος.

Θυμάμαι ένα περιστατικό από την εποχή που ήμουν δάσκαλος και το οποίο απεικονίζει καλά αυτό το σημείο. Κατά τη διάρκεια μιας διδακτικής ώρας, παρουσίασα μια ιδέα σε μια ομάδα μαθητών. Οι αντιδράσεις ήταν ποικίλες και αποκαλυπτικές: πολλοί αγνόησαν εντελώς την ιδέα, κάποιοι αποσπάστηκαν από τα κινητά τους τηλέφωνα και κάποιοι παραπονέθηκαν ακόμη και στους συναδέλφους μου ότι σπαταλούσα τον χρόνο τους με ανοησίες. Ωστόσο, μέσα σε αυτή τη θάλασσα αδιαφορίας και περιφρόνησης, ένας μαθητής ξεχώρισε. Αυτό το άτομο όχι μόνο έδωσε προσοχή, αλλά πήρε την πρωτοβουλία να αντιγράψει τα σχετικά αρχεία από την τάξη και να εφαρμόσει την ιδέα στην πράξη. Σήμερα, στέκεται μόνη της ανάμεσα στους συμμαθητές της ως ιδιοκτήτρια της δικής της επιχείρησης.

Η ιδέα που παρουσίασα ήταν απλή, αλλά η δύναμή της βρισκόταν στην εφαρμογή της. Εκείνη το αναγνώρισε αυτό, ανέλαβε δράση και καρπώθηκε τα οφέλη, όχι μία, αλλά δύο φορές. Αφού έγινε πλούσια από την επιχειρηματική ιδέα που μοιράστηκα εκείνη την ημέρα, ενώ οι συμμαθητές της αγωνίζονταν να βρουν χαμηλόμισθες θέσεις εργασίας, συνέχισε να εφαρμόζει τις ίδιες αρχές για να ξεκινήσει μια δεύτερη επιχείρηση.

Χρόνια αργότερα, όταν κάποιοι από αυτούς τους μαθητές μου ζήτησαν να επαναλάβω όσα είχα μοιραστεί εκείνη την ημέρα, τους είπα: «Δεν είμαι πια ο δάσκαλός σας, έπρεπε να είχατε ακούσει όταν είχατε την ευκαιρία».

Κεφάλαιο 15:
Ποιότητα και βάθος συμμετοχής

Στον ταχέως εξελισσόμενο κόσμο μας, ιδίως με την έλευση της τεχνητής νοημοσύνης, οι ευκαιρίες για καινοτομία και βελτίωση είναι άφθονες, αλλά πολλοί, η συντριπτική πλειοψηφία, παραμένουν αδιάφοροι ή και εχθρικοί απέναντι στις ευκαιρίες που παρουσιάζονται, ακόμη και όταν κάποιος τους συνθέτει τα πάντα σε μια ώρα που θα μπορούσε να αλλάξει ολόκληρο το μέλλον τους. Συχνά θα υποτιμήσουν, θα αγνοήσουν ή θα περιφρονήσουν τις γνήσιες και αλτρουιστικές προσπάθειες αυτού του ατόμου, για να το μετανιώσουν μετά από χρόνια.

Το κλειδί είναι να αναγνωρίζετε αυτές τις ευκαιρίες με ταπεινότητα και σεβασμό για εκείνους που τις μοιράζονται και να έχετε την εστίαση και την αποφασιστικότητα να τις αξιοποιήσετε. Πολλοί δεν το κάνουν αυτό επειδή έχουν μια στάση πρόβατου και εμπιστεύονται μόνο αυτό που τους λένε τα άλλα πρόβατα ότι είναι σωστό ή λάθος, και ως εκ τούτου αποτυγχάνουν να δουν το προφανές, το οποίο είναι ότι δεν υπάρχει τέτοιο πράγμα όπως η άχρηστη γνώση για ένα θέμα που μπορεί να χρειαστούμε μια μέρα και για το οποίο δεν έχουμε τις απαντήσεις.

Η ουσία της ζωής δεν έγκειται μόνο στην ποιότητα των εμπειριών μας, αλλά και στο βάθος της εμπλοκής μας με τον κόσμο γύρω μας και στο πώς ανταποκρινόμαστε στις ευκαιρίες που εκδηλώνονται στα λιγότερο αναμενόμενα μέρη και στιγμές. Έχω επίσης διαπιστώσει ότι όταν κάποιος έχει πραγματικά κίνητρο να μοιραστεί τη γνώση και τη διορατικότητα με τον κόσμο, το σύμπαν φαίνεται να ανταποκρίνεται με τον ίδιο τρόπο, προσφέροντας νέες αποκαλύψεις και κατανοήσεις που διαφορετικά θα μπορούσαν να παραμείνουν κρυμμένες. Αυτό σημαίνει ότι δεν υπάρχει ούτε μια χαμένη στιγμή στο άπειρο του χρόνου, ειδικά όταν καταλαβαίνουμε ότι η στιγμή της ασέβειας δεν χαρακτηρίζει εμάς, αλλά χαρακτηρίζει αυτούς που μας κρίνουν.

Αυτή η προοπτική μπορεί να φαίνεται αντιφατική με την πραγματικότητα ενός κόσμου που συχνά μοιάζει εγωιστικός, απαξιωτικός και οικειοποιείται γρήγορα τις ιδέες των άλλων χωρίς αναγνώριση. Ωστόσο, συνειδητοποίησα ότι καλλιεργώντας τη συμπόνια και την αγάπη, ακόμη και μπροστά σε τέτοιες προκλήσεις, ανεβάζουμε τη δική μας δονητική ενέργεια. Αυτή η μετατόπιση της ενέργειας προσελκύει περισσότερες θετικές εμπειρίες και ευκαιρίες, ακόμη και αυτές που οι άλλοι μπορεί να θεωρούν αδύνατες.

Όταν οι άνθρωποι με ρωτούν πώς κατάφερα να συσσωρεύσω τόσες γνώσεις και να παράγω ένα τόσο παραγωγικό έργο, μένω άφωνη. Η αλήθεια είναι ότι είναι αδύνατο να εξηγηθεί πλήρως με συμβατικούς όρους. Ακόμη και εγώ μερικές φορές απορώ με τον αριθμό των βιβλίων που έχω γράψει. Έχω όμως συνειδητοποιήσει ότι υπάρχει μια ενέργεια, μια ροή δημιουργικότητας και παραγωγικότητας που αψηφά την απλή εξήγηση. Σε ένα κρίσιμο σημείο της διαδρομής μου, συνειδητοποίησα ότι αν αφιερώσω τον εαυτό μου σε κάτι μεγαλύτερο από τις προσωπικές μου φιλοδοξίες - αν δουλέψω με έναν σκοπό που υπερβαίνει τις ατομικές μου ανάγκες και επιθυμίες - όλα τα υπόλοιπα που χρειάζομαι θα έρθουν φυσικά. Αυτή η συνειδητοποίηση αποδείχθηκε αληθινή με τρόπους που δεν θα μπορούσα ποτέ να προβλέψω και εκδηλώθηκε σε πολλές πτυχές της ζωής και της εργασίας μου.

Αυτό το ταξίδι συνεχούς μάθησης και ανταλλαγής γνώσεων έχει τις προκλήσεις του. Συχνά, ο κόσμος μπορεί να φαίνεται αδιάφορος ή και εχθρικός προς εκείνους που προσπαθούν να συνεισφέρουν γνώση και διορατικότητα. Υπάρχει ένας γενικευμένος εγωισμός που μπορεί να αποθαρρύνει, μια τάση να παίρνουμε χωρίς να δίνουμε τα εύσημα, να αντιγράφουμε χωρίς να καταλαβαίνουμε, να καταναλώνουμε χωρίς να εκτιμούμε. Ωστόσο, έχω διαπιστώσει ότι διατηρώντας ένα πνεύμα συμπόνιας και αγάπης, ακόμη και μπροστά σε μια τέτοια συμπεριφορά, μπορούμε να ανυψωθούμε πάνω από αυτές τις ασήμαντες ανησυχίες.

Καθώς ανεβάζουμε τη δονητική μας ενέργεια μέσα από πράξεις καλοσύνης, γενναιοδωρίας και γνήσιου μοιράσματος, αρχίζουμε να προσελκύουμε περισσότερες θετικές εμπειρίες και ευκαιρίες. Αυτό δεν είναι θετική σκέψη ή φιλοσοφία της Νέας Εποχής- είναι μια πρακτική προσέγγιση της ζωής που έχω δει να αποδίδει καρπούς ξανά και ξανά στη δική μου ζωή και στις ζωές άλλων που υιοθετούν μια παρόμοια νοοτροπία.

Η έννοια του «αδύνατου» αρχίζει να αλλάζει όταν προσεγγίζουμε τη ζωή με αυτή την αυξημένη προοπτική. Πράγματα που κάποτε φαίνονταν ανέφικτα γίνονται δυνατά. Πόρτες που φαίνονταν ερμητικά κλειστές αρχίζουν να ανοίγουν. Ανακαλύπτουμε ότι είμαστε ικανοί να πετύχουμε πράγματα που ποτέ δεν πιστεύαμε ότι είναι δυνατά.

Κεφάλαιο 16: Η αξία της περιέργειας και των πολλαπλών προοπτικών

Ο κόσμος στον οποίο ζούμε είναι ένας κόσμος απεριόριστων δυνατοτήτων, ένας καμβάς στον οποίο μπορούμε να ζωγραφίσουμε το μέλλον με πινελιές καινοτομίας, συμπόνιας και κοινού σκοπού. Αλλά το πραγματικό κλειδί για να ξεκλειδώσουμε ένα φωτεινότερο αύριο βρίσκεται σε μια θεμελιώδη αλλαγή στη συλλογική μας συνείδηση. Πρέπει να εξελιχθούμε πέρα από τα στενά όρια του ιδιοτελούς συμφέροντος και να υιοθετήσουμε ένα ευρύτερο όραμα για τη θέση μας στον κόσμο. Αυτή η εξέλιξη απαιτεί να καλλιεργήσουμε μεγαλύτερη ενσυναίσθηση, να καλλιεργήσουμε βαθύτερους δεσμούς μεταξύ μας και να αναγνωρίσουμε τον περίπλοκο ιστό αλληλεξάρτησης που μας συνδέει όλους μαζί.

Ο καθένας από εμάς έχει μια μοναδική συνεισφορά να κάνει, μια προοπτική να προσφέρει που εμπλουτίζει το σύνολο. Αυτή η ποικιλομορφία σκέψης και εμπειρίας είναι που οδηγεί στην πρόοδο και την καινοτομία. Αλλά για να αξιοποιήσουμε πραγματικά αυτό το συλλογικό δυναμικό, πρέπει να μάθουμε να βλέπουμε πέρα από τις άμεσες ανησυχίες μας και να βλέπουμε τους εαυτούς μας ως μέρος κάτι μεγαλύτερου. Αυτή η αλλαγή προοπτικής προκαλεί τον τρόπο με τον οποίο προσεγγίζουμε κάθε πτυχή της ζωής μας, συμπεριλαμβανομένου του τρόπου με τον οποίο βλέπουμε τα ταξίδια και την εξερεύνηση.

Το ταξίδι δεν είναι πλέον μόνο η αλλαγή της φυσικής μας θέσης- γίνεται ένα βαθύ ταξίδι του νου και του πνεύματος. Κάθε νέος προορισμός, κάθε συνάντηση με έναν διαφορετικό πολιτισμό ή τρόπο ζωής, μας προσφέρει μια ευκαιρία για ανάπτυξη και αυτογνωσία. Αυτές οι εμπειρίες προκαλούν τις προκαταλήψεις μας, διευρύνουν τους ορίζοντές μας και μας προσκαλούν να δούμε τον κόσμο με άλλα μάτια.

Έχω ανακαλύψει ότι τα πιο μεταμορφωτικά ταξίδια είναι συνήθως εκείνα που μας βγάζουν έξω από τις ζώνες άνεσής μας. Είναι σε αυτές τις στιγμές δυσφορίας και αβεβαιότητας που βρίσκουμε τις μεγαλύτερες δυνατότητες ανάπτυξής μας. Είτε πρόκειται για μια συζήτηση με κάποιον του οποίου οι πεποιθήσεις διαφέρουν ριζικά από τις δικές μας είτε απλά για μια δοκιμή μιας νέας δεξιότητας ή ενός χόμπι, αυτές οι εμπειρίες μας αναγκάζουν να αντιμετωπίσουμε τους περιορισμούς και τις προκαταλήψεις μας. Μας καλούν να αμφισβητήσουμε τις υποθέσεις μας και να εξετάσουμε εναλλακτικές προοπτικές.

Ο στόχος δεν είναι να εγκαταλείψουμε την ταυτότητά μας ή να χαθούμε στη διαδικασία της εξερεύνησης, αλλά μάλλον να εμπλουτίσουμε και να διευρύνουμε την κατανόησή μας για το ποιοι είμαστε και τη θέση μας στον κόσμο. Αυτή η προσέγγιση της ζωής - της συνεχούς μάθησης, της ανάπτυξης και της εξερεύνησης - υπερβαίνει κατά πολύ τα φυσικά ταξίδια. Είναι μια στάση που μπορεί να εφαρμοστεί σε όλες τις πτυχές της ζωής μας.

Το αληθινό μέτρο μιας ζωής που έχει ζήσει καλά δεν βρίσκεται στα συμβατικά μέτρα επιτυχίας. Δεν είναι ο αριθμός των σφραγίδων στο διαβατήριό μας, τα βραβεία που έχουμε συγκεντρώσει ή ακόμη και τα βιβλία που έχουμε γράψει. Αντίθετα, η αληθινή αξία της ζωής μας μετριέται από το βάθος της κατανόησής μας, το εύρος της συμπόνιας μας και τη θετική επίδραση που ασκούμε στον κόσμο γύρω μας. Είναι οι στιγμές που μοιραζόμαστε μια βαθιά διαπίστωση που έχει συντονιστεί με την εμπειρία κάποιου άλλου. Είναι στις στιγμές που έχουμε προσφέρει παρηγοριά ή υποστήριξη σε κάποιον που έχει ανάγκη. Είναι στις μικρές πράξεις καλοσύνης και στις μεγάλες χειρονομίες γενναιοδωρίας που εξαπλώνονται, αγγίζοντας ζωές με τρόπους που μπορεί να μην καταλάβουμε ποτέ πλήρως. Αυτοί είναι οι πραγματικοί θησαυροί μιας ζωής που ζούμε με σκοπό και πρόθεση.

Προσεγγίζοντας τις αλληλεπιδράσεις μας με περιέργεια αντί για φόβο, με προθυμία να εξετάσουμε διάφορες προοπτικές αντί να προσκολληθούμε σε άκαμπτες ιδεολογίες, ανοίγουμε τους εαυτούς μας σε καινοτόμες λύσεις και συνεργατικές προσεγγίσεις. Επιπλέον, καλλιεργώντας τη συμπόνια -για τον εαυτό μας και για τους άλλους- δημιουργούμε μια βάση για ουσιαστική αλλαγή. Η συμπόνια μας επιτρέπει να δούμε πέρα από τις επιφανειακές διαφορές και να αναγνωρίσουμε την κοινή μας ανθρωπιά. Μας παρακινεί να δράσουμε όχι μόνο για το δικό μας όφελος, αλλά για το γενικότερο καλό.

Οι γνώσεις που αποκτούμε, οι γνώσεις που ανακαλύπτουμε και η σοφία που καλλιεργούμε δεν πρέπει να αποθησαυρίζονται, αλλά να μοιράζονται. Μοιραζόμενοι τις εμπειρίες και την κατανόησή μας, συμβάλλουμε στη συλλογική ανάπτυξη της ανθρωπότητας. Γινόμαστε μέρος κάτι μεγαλύτερου από εμάς, συνδημιουργοί ενός μέλλοντος γεμάτου δυνατότητες και ελπίδα.

Μέσα από αυτή τη συλλογική προσπάθεια - αυτό το κοινό ταξίδι ανακάλυψης και ανάπτυξης - μπορούμε να δημιουργήσουμε ένα μέλλον πέρα από τα πιο τρελά μας όνειρα. Ένα μέλλον στο οποίο η τεχνολογία και η ανθρώπινη δημιουργικότητα θα συνεργάζονται αρμονικά για την επίλυση των πιο πιεστικών μας προβλημάτων. Ένα μέλλον στο οποίο η συμπόνια και η κατανόηση θα γεφυρώνουν τα χάσματα που μας χωρίζουν. Ένα μέλλον στο οποίο κάθε άτομο θα έχει την ευκαιρία να αξιοποιήσει πλήρως τις δυνατότητές του και να συμβάλει στο γενικότερο καλό.

Κεφάλαιο 17: Απορρίπτοντας το μοτίβο δόνησης της πλειοψηφίας

Ο πραγματικός καθοριστικός παράγοντας των αποτελεσμάτων μας δεν βρίσκεται στα φευγαλέα συναισθήματα, αλλά στις συνειδητές επιλογές που κάνουμε ως απάντηση σε αυτά. Μια και μόνο επιλογή που γίνεται με σαφήνεια και πεποίθηση έχει τη δυνατότητα να αλλάξει ολόκληρη την πορεία της ζωής ενός ατόμου. Αυτή η συνειδητοποίηση οδηγεί συχνά σε μια φυσική συνέχεια της ερώτησης: Πώς ξέρετε ποια είναι η σωστή επιλογή;

Την τελευταία φορά που κλήθηκα να μιλήσω δημόσια, μου τέθηκε αυτή ακριβώς η ερώτηση. Η απάντησή μου, που χαρακτηρίζεται από αμείλικτη ειλικρίνεια, συχνά απογοητεύει τους ανθρώπους. Η αλήθεια είναι ότι δεν ξέρουμε πάντα. Ο δρόμος προς τη σωστή απόφαση είναι συχνά στρωμένος με αποτυχίες και λάθη.

Αυτή η αβεβαιότητα, αυτή η ανάγκη για δοκιμή και λάθος, είναι μια θεμελιώδης πτυχή της ανθρώπινης εμπειρίας. Παρόλα αυτά, δεν μπορώ να μην αναρωτηθώ αν τα πράγματα θα ήταν λιγότερο απογοητευτικά σε έναν άλλο πλανήτη, σε μια άλλη πραγματικότητα. Ο κόσμος που έχουμε φτιάξει για τον εαυτό μας φαίνεται να επιτείνει αυτή την απογοήτευση. Έχουμε δημιουργήσει μια κοινωνία από την οποία συχνά λείπει η αγάπη και η συμπόνια, έναν κόσμο στον οποίο η αποτυχία είναι όχι μόνο δυνατή, αλλά και συνηθισμένη. Αυτή η κατάσταση πραγμάτων δεν είναι πραγματικά φυσιολογική- απλώς έχει εξομαλυνθεί.

Παραδόξως, όταν βρίσκουμε την αληθινή ευτυχία στην εργασία και την ύπαρξή μας, η κοινωνία συχνά μας χαρακτηρίζει ως μη φυσιολογικούς. Πρόκειται για ένα περίεργο φαινόμενο που αναδεικνύει την αποσύνδεση μεταξύ της αυθεντικής ολοκλήρωσης και των προσδοκιών της κοινωνίας. Ακόμα και τώρα, οι άνθρωποι με ρωτούν συνεχώς πότε θα βρω μια «πραγματική δουλειά», λες και η επιδίωξη του πάθους και του σκοπού είναι κατά κάποιο τρόπο λιγότερο έγκυρη από την προσαρμογή σε συμβατικές καριέρες.

Η ίδια η έννοια της ευτυχίας φαίνεται να έχει γίνει σημείο διαμάχης στην κοινωνία μας. Το να νιώθεις πραγματικά ευτυχισμένος αντιμετωπίζεται συχνά με σκεπτικισμό ή ακόμη και εχθρότητα. Είναι σαν η ίδια η ιδέα της ικανοποίησης και της χαράς να αποτελεί προσβολή για όσους έχουν αποδεχτεί τη δυστυχία ως κανόνα. Φανταστείτε έναν κόσμο όπου το να είσαι χαλαρός, σίγουρος και ευτυχισμένος θεωρείται προσβολή για τους άλλους. Πρόκειται για μια παράξενη πραγματικότητα, με την οποία όμως ζούμε καθημερινά.

Η αποστροφή της κοινωνίας προς την ευτυχία επεκτείνεται ακόμη και στον τομέα των ιδεών. Έχω συναντήσει ανθρώπους που αισθάνονται προσβεβλημένοι από τα κείμενά μου, παρόλο που ποτέ δεν ανάγκασα κανέναν να τα διαβάσει. Αυτό είναι μια υπενθύμιση ότι αυτό που θεωρούμε «φυσιολογικό» είναι συχνά απλώς κοινός τόπος και όχι εγγενώς σωστό ή ωφέλιμο. Αυτή η συνειδητοποίηση με έχει οδηγήσει στο να βλέπω τον κόσμο μας ως ένα είδος γιγαντιαίου ψυχιατρείου, όπου οι διαστρεβλωμένες αντιλήψεις και αντιδράσεις είναι ο κανόνας και όχι η εξαίρεση.

Όταν καταλαβαίνουμε ότι πολλά από αυτά που προωθεί η κοινωνία είναι απλώς το δονούμενο πρότυπο της πλειοψηφίας, γίνεται ευκολότερο να αναγνωρίσουμε και να απορρίψουμε ό,τι δεν εξυπηρετεί τον ευρύτερο σκοπό μας. Αν βρίσκετε τον εαυτό σας να συντονίζεται με ιδέες και εμπειρίες ανώτερης φύσης, τότε μάλλον εκεί ανήκετε.

Αυτή η συνειδητοποίηση υπήρξε απελευθερωτική για μένα. Στο παρελθόν, συχνά ένιωθα κατάθλιψη και εκνευρισμό από αυτό που θεωρούσα άγνοια ή βλακεία των άλλων. Έχω όμως συνειδητοποιήσει τη ματαιότητα τέτοιων αντιδράσεων. Γιατί να θυμώνετε με έναν τυφλό που σας προσβάλλει εξαιτίας αυτού που δεν μπορεί να δει; Η τύφλωσή του δεν αποτελεί προσωπική προσβολή, αλλά περιορισμό της αντίληψής του.

Αυτή η αλλαγή προοπτικής επηρέασε βαθιά τον τρόπο με τον οποίο αλληλεπιδρώ με τον κόσμο. Δεν μπορώ πλέον να αισθάνομαι πραγματικό θυμό απέναντι σε όσους προσπαθούν να με προκαλέσουν. Αναγνωρίζω ότι λειτουργούν σε ένα διαφορετικό επίπεδο αντίληψης, κατανοώντας συχνά μόνο τη γλώσσα της βίας και του πόνου. Ακόμη και αν κατάφερνα να τους εξουδετερώσω σωματικά, η πράξη αυτή θα με έκανε να νιώθω μειωμένη, σε αντίθεση με την πραγματική μου φύση.

Αποδέχτηκα το γεγονός ότι είμαι θεμελιωδώς διαφορετικός από εκείνους που βρίσκουν περισσότερο νόημα στη σύγκρουση και την αρνητικότητα. Γι' αυτό το λόγο θεωρούσα πιο συμφέρουσα την τήρηση μιας ορισμένης απόστασης. Το να μένω πολύ κοντά σε ανθρώπους που συμπεριφέρονται σαν συναισθηματικές μαύρες τρύπες, καταναλώνοντας συνεχώς ενέργεια χωρίς ανταπόδοση, είναι απλά πολύ εξαντλητικό.

Η ζωή είναι πολύτιμη και εφήμερη. Το να τη σπαταλάμε σε θυμό και άσκοπες συγκρούσεις, όσο δικαιολογημένες και αν είναι, είναι σαν να χάνουμε εντελώς το νόημα. Αυτή η συνειδητοποίηση με χτύπησε όταν βρέθηκα να μην μπορώ να γράψω, καθώς το μυαλό μου ήταν θολωμένο από θυμό και αγανάκτηση. Ήταν μια κλήση αφύπνισης, μια υπενθύμιση ότι αυτά τα αρνητικά συναισθήματα δεν ήταν απλώς δυσάρεστες εμπειρίες, αλλά ενεργά εμπόδια στον σκοπό και τη δημιουργικότητά μου.

Κεφάλαιο 18: Οι πιο σκοτεινές πτυχές της ανθρώπινης φύσης

Σε έναν κόσμο όπου η αντίληψη συχνά επισκιάζει την πραγματικότητα, το ταξίδι του οραματιστή μπορεί να είναι ταυτόχρονα διαφωτιστικό και απομονωτικό. Καθώς περιηγήθηκα στις πολυπλοκότητες της ανθρώπινης φύσης και των κοινωνικών κατασκευών, συνειδητοποίησα ότι το μονοπάτι προς τη διαφώτιση δεν είναι χωρίς τα αγκάθια του. Οι ιδιότητες που μας επιτρέπουν να αντιλαμβανόμαστε τον κόσμο με διαύγεια και βάθος αποκαλύπτουν επίσης τις σκοτεινές πτυχές της ανθρώπινης συμπεριφοράς και των κοινωνικών αδυναμιών.

Η εμπειρία μου με δίδαξε ότι η επιδίωξη της γνώσης και της πνευματικής ανάπτυξης οδηγεί συνήθως σε μεγαλύτερη συνειδητοποίηση τόσο της ομορφιάς όσο και της ασχήμιας που συνυπάρχουν στον κόσμο μας. Είναι σαν να αναπτύσσεις μια πιο έντονη αίσθηση της όσφρησης - συντονίζεσαι με το άρωμα των λουλουδιών, αλλά ταυτόχρονα δεν μπορείς να ξεφύγεις από τη δυσωδία της αποσύνθεσης. Αυτή η δυαδικότητα είναι αναπόσπαστο μέρος της διαδικασίας της πνευματικής ανόδου, ένα ταξίδι που απαιτεί από το άτομο να αντιμετωπίσει και να συμφιλιώσει αυτές τις αντίθετες δυνάμεις.

Καθώς προχωρούσα σε αυτό το μονοπάτι, παρατήρησα ένα περίεργο φαινόμενο στον τρόπο με τον οποίο οι άνθρωποι αντιδρούν στην παρουσία μου και στις ιδέες μου. Κάποιοι άνθρωποι φαίνεται να συντονίζονται βαθιά με την ενέργειά μου, βρίσκοντας μια αδελφή ψυχή στην προσέγγισή μου για τη ζωή και την κατανόηση. Αυτές οι συνδέσεις είναι βαθιές και επιβεβαιωτικές, χρησιμεύοντας ως φάροι ελπίδας μέσα σε μια θάλασσα παρεξηγήσεων που συχνά μοιάζει με θάλασσα παρεξηγήσεων. Αλλά υπάρχει και μια άλλη πλευρά του νομίσματος. Έχω γνωρίσει ανθρώπους που, όταν αλληλεπιδρούν μαζί μου ή με τις ιδέες μου, φαίνεται να νιώθουν την αφύπνιση των εσωτερικών τους δαιμόνων. Οι αντιδράσεις τους είναι συχνά δυσανάλογα εχθρικές, τροφοδοτούμενες από έναν θυμό που φαίνεται να πηγάζει από την ίδια την ύπαρξή μου. Το πιο εκπληκτικό είναι ότι αυτή η εχθρότητα εκδηλώνεται συνήθως χωρίς καμία πραγματική γνώση για το ποιος είμαι ή τι εκπροσωπώ. Είναι σαν η παρουσία μου να λειτουργεί ως καθρέφτης, αντανακλώντας τους πτυχές του εαυτού τους ή της πραγματικότητας που δεν είναι ακόμη έτοιμοι να αντιμετωπίσουν.

Αυτή η διχοτόμηση των αντιδράσεων με έχει οδηγήσει σε βαθύ προβληματισμό για τη φύση της ανθρώπινης συνείδησης και της συλλογικής ψυχής. Είναι μια έντονη υπενθύμιση της τρέλας που μπορεί να κρύβεται κάτω από την επιφάνεια του φαινομενικά οργανωμένου κόσμου μας. Το ταξίδι μου μέσα σε αυτό το τοπίο των ανθρώπινων συναισθημάτων και αντιδράσεων ήταν από μόνο του μια μαθησιακή εμπειρία, γεμάτη με στιγμές σύγχυσης, διορατικότητας και ανάπτυξης. Όσο περισσότερα μαθαίνω, ωστόσο, τόσο περισσότερο συνειδητοποιώ πόσο λίγα γνωρίζει πραγματικά η ανθρωπότητα. Πολλά από αυτά που περνούν για γνώση ή σοφία είναι συχνά απλώς μια περίτεχνη εκλογίκευση θεμελιωδώς ελαττωματικών ή επιφανειακών ιδεών.

Οι άνθρωποι συχνά αντιστέκονται σε έννοιες που αμφισβητούν τις καθιερωμένες πεποιθήσεις τους ή απαιτούν να επανεξετάσουν την κοσμοθεωρία τους. Είναι μια υπενθύμιση ότι ο δρόμος ενός οραματιστή ή ενός ηγέτη σκέψης σπάνια είναι ομαλός ή καθολικά εκτιμώμενος. Καθώς προσπαθούμε να κατανοήσουμε και να βελτιώσουμε τους εαυτούς μας και τον κόσμο στον οποίο ζούμε, πρέπει να είμαστε προετοιμασμένοι να αντιμετωπίσουμε αντίσταση, παρεξήγηση ή ακόμη και εχθρότητα. Πρέπει να μάθουμε να διατηρούμε τη δέσμευσή μας στην ανάπτυξη και την κατανόηση, ακόμη και μπροστά στις αντιξοότητες, και να χρησιμοποιούμε τους πόρους μας -είτε πνευματικούς, είτε πνευματικούς είτε οικονομικούς- για να παραμένουμε ανθεκτικοί.

Όταν μάθουμε να υπερβαίνουμε την αρνητικότητα του κόσμου, μπορούμε να βρούμε ένα ανώτερο νόημα σε ό,τι κάνουμε, γιατί συνήθως εκτιμούμε περισσότερο τα πράγματα για τα οποία δεν μας αναγνωρίζουν παρά τα πράγματα για τα οποία μας αναγνωρίζουν. Τα πράγματα που κάνουμε στα κρυφά συνήθως περιέχουν μεγαλύτερη εσωτερική αξία από τα πράγματα που κάνουμε σε αναζήτηση επικύρωσης.

Για παράδειγμα, υπάρχει μια μοναδική συγκίνηση στο να δίνεις ανώνυμα ακριβά παιχνίδια σε παιδιά σε ορφανοτροφεία και νοσοκομεία. Ομοίως, μπορείτε να προσφέρετε φαγητό σε ζητιάνους χωρίς να περιμένετε τίποτα σε αντάλλαγμα, απλά αγοράζοντας ένα επιπλέον γεύμα όταν πηγαίνετε σε ένα εστιατόριο και παίρνοντας το μαζί σας όταν βγαίνετε έξω για να το προσφέρετε σε κάποιον στο δρόμο. Η πράξη της προσφοράς, χωρίς προσδοκία αναγνώρισης ή ευγνωμοσύνης, δημιουργεί ένα αίσθημα αγνής, ανόθευτης χαράς. Είτε πρόκειται για το να αφήσετε φαγητό, παιχνίδια, ρούχα ή άλλα αντικείμενα που μπορούν να φωτίσουν τη μέρα κάποιου, αυτές οι χειρονομίες έχουν επηρεάσει βαθιά την άποψή μου για τον σκοπό. Και επειδή αυτές οι πράξεις καλοσύνης εξαρτώνται από το ποσό των χρημάτων που διαθέτουμε, αυτή η αλτρουιστική προσέγγιση των χρημάτων έχει αλλάξει ολόκληρη την κοσμοθεωρία μου. Είναι μια θεμελιώδης αλλαγή στον τρόπο με τον οποίο αντιλαμβανόμαστε τον ρόλο του πλούτου στην κοινωνία και στην προσωπική ολοκλήρωση.

Κεφάλαιο 19: Βρίσκοντας νόημα στην αναταραχή της ζωής

Η πράξη της αναζήτησης νοήματος μέσα στην αναταραχή της καθημερινής ζωής δεν είναι απλώς μια ευγενής επιδίωξη- είναι απαραίτητη για την ευημερία και την προσωπική μας ανάπτυξη. Στο δικό μου ταξίδι, διαπίστωσα ότι οι φαινομενικά απλές πράξεις του διαβάσματος, της γραφής και των ταξιδιών υπήρξαν μεταμορφωτικές, προσφέροντας όχι απλώς μια απόδραση, αλλά πραγματική διαφώτιση. Αυτές οι δραστηριότητες λειτούργησαν ως πυξίδα, καθοδηγώντας με σε περιόδους αβεβαιότητας και παρέχοντας μια αίσθηση κατεύθυνσης, όταν άλλες πτυχές της ζωής έμοιαζαν ανούσιες.

Τα ταξίδια, ειδικότερα, αποτέλεσαν ισχυρό καταλύτη για την προσωπική ανάπτυξη. Δεν έχει να κάνει μόνο με τους προορισμούς- έχει να κάνει με την αλλαγή προοπτικής που συμβαίνει όταν αφήνουμε το οικείο περιβάλλον μας. Είτε πρόκειται για την εξερεύνηση μιας γειτονικής χώρας, είτε για το ταξίδι σε μια διαφορετική πολιτεία είτε απλώς για την ανακάλυψη παραγνωρισμένων γωνιών της περιοχής μας, κάθε ταξίδι προσφέρει την ευκαιρία να επαναπροσδιορίσουμε τις προτεραιότητές μας και να αμφισβητήσουμε τις προκαταλήψεις μας.

Για όσους μπορούν να το αντέξουν οικονομικά, ένα εκτεταμένο ταξίδι μπορεί να αποτελέσει μια ανεκτίμητη επένδυση στην προσωπική ανάπτυξη. Ένας μήνας στο εξωτερικό, βυθισμένος σε διαφορετικές κουλτούρες και τοπία, μπορεί να προσφέρει γνώσεις που δεν μπορούν να συγκριθούν με κανένα διάβασμα ή αναφορές από δεύτερο χέρι. Είναι μια υπενθύμιση ότι, παρά τις αφηγήσεις των μέσων ενημέρωσης, ο κόσμος είναι τεράστιος, διαφορετικός και συχνά πιο φιλόξενος από ό,τι νομίζουμε.

Ωστόσο, είναι ζωτικής σημασίας να προσεγγίζουμε αυτές τις εμπειρίες με ανοιχτό μυαλό και με προθυμία να ασχοληθούμε αυθεντικά με τους πολιτισμούς και τα άτομα που συναντάμε. Στον ολοένα και πιο διασυνδεδεμένο κόσμο μας, όπου τα δυτικά μέσα ενημέρωσης και οι αμερικανικές πολιτιστικές εξαγωγές έχουν δημιουργήσει ένα είδος παγκόσμιας ομογενοποίησης, η εύρεση πραγματικά μοναδικών προοπτικών μπορεί να αποτελέσει πρόκληση. Ακόμη και σε απομακρυσμένες περιοχές, η επιρροή της παγκόσμιας ποπ κουλτούρας είναι εμφανής και διαμορφώνει βαθιά τις τοπικές πεποιθήσεις και προσδοκίες.

Αυτή η πολιτιστική ομογενοποίηση υπογραμμίζει τη σημασία της ενεργού αναζήτησης διαφορετικών απόψεων και εμπειριών. Πρόκειται για κάτι περισσότερο από απλή παρατήρηση· πρόκειται για εμπλοκή, αμφισβήτηση και το να επιτρέπουμε στον εαυτό μας να μεταμορφώνεται από τις συναντήσεις που έχουμε. Με αυτόν τον τρόπο, όχι μόνο εμπλουτίζουμε τη δική μας ζωή, αλλά συμβάλλουμε και σε έναν πιο διαφοροποιημένο και ενσυναισθητικό παγκόσμιο διάλογο.

Καθώς όμως ξεκινάμε αυτά τα ταξίδια αυτογνωσίας, είναι σημαντικό να αναγνωρίσουμε τις προκλήσεις που μπορεί να αντιμετωπίσουμε. Οι δικές μου εμπειρίες, ιδίως στην Ευρώπη, έχουν αναδείξει τη διάχυτη φύση της αρνητικότητας και της ενέργειας χαμηλών δονήσεων που φαίνεται να μαστίζει πολλές κοινωνίες. Αυτό είναι μια σαφής υπενθύμιση της σημασίας που έχει η καλλιέργεια της δικής μας θετικής ενέργειας και το να περιβάλλουμε τους εαυτούς μας με υποστηρικτικούς, ομοϊδεάτες ανθρώπους.

Αυτό μας φέρνει σε ένα κρίσιμο σημείο: παρόλο που η προσωπική ανάπτυξη είναι συχνά ένα μοναχικό ταξίδι, δεν είμαστε μόνοι στην αναζήτηση του νοήματος και της κατανόησης. Σε όλο τον κόσμο, αμέτρητοι άνθρωποι βρίσκονται σε παρόμοια ταξίδια, παλεύοντας με τα ίδια ερωτήματα και τις ίδιες προκλήσεις. Η αναγνώριση αυτής της κοινής εμπειρίας ανοίγει δυνατότητες σύνδεσης και κοινότητας που μπορεί να είναι βαθιά εμπλουτιστικές.

Για όσους αισθάνονται παγιδευμένοι ή περιορισμένοι από τις τρέχουσες συνθήκες, είναι σημαντικό να αναγνωρίσουν το τεράστιο φάσμα ευκαιριών που υπάρχουν για προσωπική και επαγγελματική ανάπτυξη. Είτε πρόκειται για την εξερεύνηση επιχειρηματικών εγχειρημάτων, είτε για την εμβάθυνση στη δημιουργία περιεχομένου είτε για τη συμμετοχή σε κοινότητες που μοιράζονται τα ενδιαφέροντά σας, υπάρχουν πάντα δρόμοι για επέκταση και αυτογνωσία. Το κλειδί είναι να παραμείνετε ανοιχτοί σε αυτές τις ευκαιρίες και να λάβετε προληπτικά μέτρα για να αξιοποιήσετε τις δυνατότητές σας.

Πάρτε για παράδειγμα τον κόσμο των παιχνιδιών. Ενώ η χαρά του παιχνιδιού είναι αδιαμφισβήτητη, η πραγματική ικανοποίηση έρχεται συνήθως από το να πάμε την ενασχόλησή μας στο επόμενο επίπεδο. Αυτό θα μπορούσε να σημαίνει την ιδιοκτησία ενός καταστήματος παιχνιδιών, όπου μπορείτε να μοιραστείτε το πάθος σας με άλλους και να δημιουργήσετε ένα κοινοτικό κέντρο. Ή ίσως να σημαίνει να αποτολμήσετε την ανάπτυξη παιχνιδιών, διοχετεύοντας τη δημιουργικότητά σας στη δημιουργία νέων εμπειριών για να τις απολαύσουν άλλοι άνθρωποι. Ακόμα και η ανάπτυξη μιας διαδικτυακής επιχείρησης που σχετίζεται με τα παιχνίδια μπορεί να προσφέρει μια αίσθηση σκοπού πέρα από τα ίδια τα παιχνίδια.

Το κλειδί είναι ότι αυτά τα εγχειρήματα δεν είναι μόνο για προσωπικό κέρδος ή ψυχαγωγία- έχουν να κάνουν με τη δημιουργία αξίας, την προώθηση των συνδέσεων και τη συμβολή σε μια ευρύτερη κοινότητα. Πραγματικές και ουσιαστικές συνδέσεις δημιουργούνται όταν μοιραζόμαστε εμπειρίες που ξεπερνούν τον εικονικό κόσμο - σκαρφαλώνουμε μαζί σε βουνά, συνομιλούμε από κοντά ή εξερευνούμε νέα μέρη μέσω ταξιδιών. Αυτές οι κοινές εμπειρίες δημιουργούν πολύ βαθύτερους και πιο μακροχρόνιους δεσμούς από εκείνους που δημιουργούνται μόνο από τις διαδικτυακές αλληλεπιδράσεις.

Καθώς περιηγούμαστε στις πολυπλοκότητες της σύγχρονης ζωής, είναι σημαντικό να θυμόμαστε ότι η εύρεση νοήματος και χαράς συχνά απαιτεί να βγούμε από τις ζώνες άνεσής μας. Είτε πρόκειται για ταξίδια, είτε για δημιουργικές δραστηριότητες είτε για συμμετοχή στα κοινά, ο δρόμος για μια ικανοποιητική ύπαρξη βρίσκεται στην ενεργή αναζήτηση εμπειριών που μας προκαλούν, μας συνδέουν με άλλους ανθρώπους και συμβάλλουν σε κάτι μεγαλύτερο από εμάς τους ίδιους.

Κεφάλαιο 20: Το Σύμπαν ανταποκρίνεται στις προσπάθειές μας

Κάθε μέρα υφαίνουμε το ύφασμα του μέλλοντός μας με τα νήματα της προσοχής μας, των σκέψεών μας και των οικονομικών μας επιλογών. Γι' αυτό μου κάνει εντύπωση μια βαθιά ειρωνεία που λέει πολλά για το πώς εμείς, ως κοινωνία, εκτιμούμε τη γνώση και την προσωπική μεταμόρφωση. Όταν οι αναγνώστες μου λένε ότι τα βιβλία μου έχουν αλλάξει τη ζωή τους ή ακόμη και τους έχουν σώσει, συγκινούμαι βαθιά. Ωστόσο, δεν μπορώ να μην παρατηρήσω ένα περίεργο μοτίβο: συχνά αυτές οι μεταμορφωτικές εμπειρίες προέρχονται από βιβλία που έχουν δοθεί ή ακόμη και αποκτηθεί δωρεάν. Αυτή η παρατήρηση δεν έχει να κάνει με τη χρηματική αξία των ίδιων των βιβλίων, αλλά με τις βαθύτερες συνέπειες του τρόπου με τον οποίο θέτουμε προτεραιότητες και επενδύουμε στην προσωπική μας ανάπτυξη.

Το παράδοξο έγκειται στην αποσύνδεση μεταξύ της αντιλαμβανόμενης αξίας της γνώσης και της προθυμίας να επενδύσουμε σε αυτήν. Δεν είναι ασυνήθιστο για τους ανθρώπους να εκτιμούν απεριόριστα τις γνώσεις που έχουν αλλάξει ριζικά την πορεία της ζωής τους, αλλά να είναι απρόθυμοι να επενδύσουν περισσότερο στην εκπαίδευση και την αυτοβελτίωσή τους. Αυτή η απροθυμία υπερβαίνει τις οικονομικές εκτιμήσεις και περιλαμβάνει την επένδυση χρόνου, ενέργειας και εστιασμένης προσοχής που απαιτούνται για την πραγματική απορρόφηση και εφαρμογή της νέας γνώσης.

Στο δικό μου ταξίδι, πάντα έδινα ανυπολόγιστη αξία στην εκπαίδευση και την αυτοβελτίωση. Υπήρχαν φορές που αποφάσισα να παραιτηθώ από τα γεύματα και να χρησιμοποιήσω τους περιορισμένους πόρους μου για να αγοράσω βιβλία που πίστευα ότι θα θρέψουν το μυαλό και το πνεύμα μου. Για μένα, αυτό δεν ήταν θυσία, αλλά μια στρατηγική επένδυση στο μέλλον μου. Διάβαζα αχόρταγα, καταναλώνοντας τη γνώση με ακόρεστη όρεξη, συνειδητοποιώντας ότι κάθε σελίδα που γύριζα ήταν ένα βήμα προς μια πιο φωτισμένη και ικανή εκδοχή του εαυτού μου.

Αυτή η δέσμευση στη μάθηση δεν περιοριζόταν μόνο στα βιβλία. Παρακολούθησα διάφορα μαθήματα και εργαστήρια, ιδίως εκείνα που αποσκοπούσαν στην πνευματική ανάπτυξη και την προσωπική εξέλιξη. Κάθε μία από αυτές τις εμπειρίες πρόσθεσε στρώματα στην κατανόηση του κόσμου και του εαυτού μου, συμβάλλοντας σε ένα πλούσιο μωσαϊκό γνώσεων που ενημερώνει όλες τις αποφάσεις και τις αλληλεπιδράσεις μου.

Τα αποτελέσματα αυτής της αφοσιωμένης αναζήτησης της γνώσης έχουν συχνά ξεπεράσει τις πιο τολμηρές προσδοκίες μου. Η πραγματικότητα έχει έναν τρόπο να αποκαλύπτεται υπέροχα όταν δεσμευόμαστε για συνεχή μάθηση και ανάπτυξη. Είναι σαν το σύμπαν να ανταποκρίνεται στις προσπάθειές μας, παρουσιάζοντας ευκαιρίες και ιδέες που ευθυγραμμίζονται απόλυτα με τη διευρυμένη συνείδησή μας.

Αυτή η συνειδητοποίηση με οδηγεί σε ένα ανησυχητικό συμπέρασμα: μεγάλο μέρος της άγνοιας που βλέπουμε στον κόσμο είναι, στην ουσία, μια επιλογή. Οι άνθρωποι συχνά παίρνουν ακριβώς αυτό που πληρώνουν, τόσο κυριολεκτικά όσο και μεταφορικά. Όταν οι άνθρωποι επιλέγουν να μην επενδύσουν στην προσωπική τους ανάπτυξη, είτε με χρόνο, είτε με χρήματα, είτε με προσπάθεια, αυτό αντανακλά την αξία που δίνουν στην εξέλιξή τους. Είναι μια σαφής υπενθύμιση ότι η επιδίωξη της γνώσης και της αυτοβελτίωσης απαιτεί ενεργό συμμετοχή και προθυμία να δώσει κανείς προτεραιότητα στη δική του ανάπτυξη έναντι των στιγμιαίων ανέσεων ή περισπασμών.

Ο αργός ρυθμός με τον οποίο πολλοί προσεγγίζουν τη μάθηση και την προσωπική ανάπτυξη με προβληματίζει. Σε μια εποχή που οι πληροφορίες είναι πιο προσιτές από ποτέ, η απροθυμία να βουτήξουμε βαθιά στον απέραντο ωκεανό της γνώσης που έχουμε στη διάθεσή μας είναι μια χαμένη ευκαιρία επικών διαστάσεων. Το να διαβάζουμε ένα βιβλίο κάθε μήνα ή κάθε τρεις μήνες, αν και είναι καλύτερο από το τίποτα, μόλις και μετά βίας ξύνει την επιφάνεια του τι είναι εφικτό αν δεσμευτούμε σε μια αδηφάγο μάθηση.

Αυτή η στάση συχνά πηγάζει από μια παρανόηση του χρόνου και της αξίας του. Πολλοί πιστεύουν ότι έχουν την πολυτέλεια του χρόνου, ότι μπορούν να αναβάλουν την εκπαίδευσή τους και την προσωπική τους ανάπτυξη για κάποια απροσδιόριστη στιγμή στο μέλλον. Ωστόσο, αυτή η προοπτική δεν αναγνωρίζει τη σωρευτική φύση της γνώσης και της εμπειρίας. Κάθε μέρα που ξοδεύουμε ενεργά για να μάθουμε και να εφαρμόσουμε νέες γνώσεις είναι μια μέρα που μας προωθεί εκθετικά στο ταξίδι της ανάπτυξής μας.

Η μετασχηματιστική δύναμη της γνώσης δεν έγκειται μόνο στην απόκτησή της, αλλά και στην εφαρμογή της. Έχω δει από πρώτο χέρι πώς η εφαρμογή των γνώσεων που αποκτώνται από χρόνια μελέτης και προβληματισμού μπορεί να αναδιαμορφώσει την πραγματικότητα με τρόπους που ξεπερνούν τη φαντασία. Δεν αρκεί απλώς να διαβάζουμε ή να ακούμε- πρέπει να ενσωματώνουμε αυτές τις γνώσεις στην καθημερινή μας ζωή, επιτρέποντάς τους να ενημερώνουν τις αποφάσεις μας, να διαμορφώνουν τις αλληλεπιδράσεις μας και να καθοδηγούν τις προσωπικές και επαγγελματικές μας προσπάθειες.

Αυτή η ενεργός ενασχόληση με τη γνώση δημιουργεί έναν ανατροφοδοτούμενο βρόχο ανάπτυξης και ανακάλυψης. Καθώς εφαρμόζουμε όσα έχουμε μάθει, αντιμετωπίζουμε νέες καταστάσεις που προκαλούν την κατανόησή μας, γεγονός που οδηγεί σε περαιτέρω έρευνα και μάθηση. Αυτός ο κύκλος μάθησης, εφαρμογής και αναστοχασμού είναι ο κινητήριος μοχλός της προσωπικής εξέλιξης και της κοινωνικής προόδου.

Αυτή η προσέγγιση της ζωής είναι το κλειδί για να ξεκλειδώσουμε μια πραγματικότητα πιο εκπληκτική από οτιδήποτε θα μπορούσαμε να φανταστούμε. Είναι ένα μονοπάτι που απαιτεί δέσμευση, ανθεκτικότητα και προθυμία να επενδύουμε με συνέπεια στον εαυτό μας. Ωστόσο, οι ανταμοιβές αυτού του ταξιδιού είναι ανυπολόγιστες, ξεπερνώντας κατά πολύ το προσωπικό κέρδος και αγγίζοντας τις ζωές των γύρω μας και συμβάλλοντας στη συλλογική ανάπτυξη της κοινωνίας μας.

Γλωσσάριο

Αφθονία: Η κατάσταση της ύπαρξης άφθονων πόρων, τόσο υλικών όσο και συναισθηματικών. Το βιβλίο συζητά πώς η αφθονία μπορεί να εμπνεύσει φόβο απώλειας και εφησυχασμό, αλλά και πώς μπορεί να αποτελέσει πηγή άνεσης και ασφάλειας.

Mindfulness: Η πρακτική της πλήρους παρουσίας και της εμπλοκής στην παρούσα στιγμή. Η ενσυνειδητότητα βοηθά στη διαχείριση των σκέψεων και των συναισθημάτων, στη μείωση του στρες και στη βελτίωση της γενικής ευεξίας.

Αυτοεπιβεβαίωση: Η πρακτική της ενίσχυσης των θετικών πεποιθήσεων για τον εαυτό μας μέσω επαναλαμβανόμενων δηλώσεων. Η αυτοεπιβεβαίωση βοηθά στην οικοδόμηση αυτοπεποίθησης, στην υπέρβαση των αρνητικών εμπειριών του παρελθόντος και στην προώθηση μιας θετικής εικόνας του εαυτού.

Αυτοανακάλυψη: Το ταξίδι της εξερεύνησης και κατανόησης του αληθινού εαυτού σας, συμπεριλαμβανομένων των αξιών, των παθών και των δυνατοτήτων σας. Αυτή η διαδικασία είναι απαραίτητη για την προσωπική ανάπτυξη και την επίτευξη αυθεντικής επιτυχίας.

Ευημερία: Μια κατάσταση γενικής υγείας και ευτυχίας που περιλαμβάνει σωματικές, νοητικές και συναισθηματικές πτυχές. Το βιβλίο συζητά διάφορες πρακτικές όπως η άσκηση, η ενσυνειδητότητα και η σωστή διατροφή για την αύξηση της ευημερίας.

Αυτοπεριοριστικές πεποιθήσεις: Αρνητικές πεποιθήσεις για τον εαυτό μας που περιορίζουν τις δυνατότητες και εμποδίζουν την προσωπική ανάπτυξη. Το βιβλίο παρέχει τεχνικές για την αμφισβήτηση και την υπέρβαση αυτών των πεποιθήσεων, προκειμένου να αξιοποιήσετε πλήρως τις δυνατότητές σας.

Ενσυναίσθηση: Η ικανότητα να κατανοείτε και να μοιράζεστε τα συναισθήματα των άλλων. Η ενσυναίσθηση τονίζεται ως βασικό συστατικό για την αύξηση της συνειδητοποίησης και την προώθηση βαθύτερων δεσμών με τους άλλους.

Συνειδητή επιλογή: Η συνειδητή διαδικασία λήψης αποφάσεων που περιλαμβάνει επίγνωση και πρόθεση. Το βιβλίο δίνει έμφαση στη δύναμη της συνειδητής επιλογής για τη διαμόρφωση της δικής μας ζωής και την επίτευξη αυθεντικής επιτυχίας.

Εσωτερική δύναμη: Η ψυχική και συναισθηματική ανθεκτικότητα που επιτρέπει στα άτομα να ξεπερνούν τις προκλήσεις και να διατηρούν θετική προοπτική. Η καλλιέργεια της εσωτερικής δύναμης είναι απαραίτητη για να σπάσει ο κύκλος των αρνητικών σκέψεων και να επιτευχθεί η προσωπική ανάπτυξη.

Πνευματική διορατικότητα: Βαθιά κατανόηση και επίγνωση των πνευματικών αληθειών και αρχών. Το βιβλίο χρησιμοποιεί την πνευματική διορατικότητα για να καθοδηγήσει τους αναγνώστες προς την προσωπική μεταμόρφωση και την αυθεντική επιτυχία.

Συναισθηματική νοημοσύνη: Η ικανότητα κατανόησης και διαχείρισης των δικών μας συναισθημάτων και των συναισθημάτων

των άλλων. Αυτή η δεξιότητα είναι θεμελιώδης για την προσωπική ανάπτυξη, τη διατήρηση των σχέσεων και την πλοήγηση στην πολυπλοκότητα της κοινωνίας.

Νοοτροπία έλλειψης: Η πεποίθηση ότι οι πόροι είναι περιορισμένοι, που οδηγεί σε φόβο απώλειας και απροθυμία να μοιραστεί κανείς. Αυτή η νοοτροπία μπορεί να εμποδίσει την προσωπική ανάπτυξη και τις ουσιαστικές συνδέσεις με τους άλλους.

Αρνητική σκέψη: Ένα μοτίβο σκέψης που επικεντρώνεται στην απαισιοδοξία, την αμφιβολία και το φόβο. Το βιβλίο αναλύει στρατηγικές για να σπάσει αυτός ο κύκλος, όπως η ενσυνειδητότητα, η αυτοεπιβεβαίωση και η συναισθηματική νοημοσύνη.

Σοφία: Η ικανότητα να λαμβάνετε ορθές αποφάσεις και κρίσεις με βάση τη γνώση και την εμπειρία. Το βιβλίο τονίζει τη σημασία της σοφίας για την πλοήγηση στις πολυπλοκότητες της ζωής και την επίτευξη αυθεντικής επιτυχίας.

Αυθεντική επιτυχία: Μια μορφή επιτυχίας που ευθυγραμμίζεται με τις βαθύτερες αξίες και φιλοδοξίες ενός ατόμου, παρά με τα κοινωνικά πρότυπα ή τα επιφανειακά επιτεύγματα. Περιλαμβάνει την προσωπική ανάπτυξη, την ακεραιότητα και την ουσιαστική ενασχόληση με τη ζωή.

Προσωπικός μετασχηματισμός: Η διαδικασία πραγματοποίησης σημαντικών αλλαγών στις πεποιθήσεις, τις συμπεριφορές και τη συνολική κατεύθυνση της ζωής σας. Αυτός ο μετασχηματισμός συνήθως καθοδηγείται από την αυτογνωσία, την υπέρβαση των περιοριστικών πεποιθήσεων και την ευθυγράμμιση των ενεργειών με τις βασικές αξίες.

Αξία: Η εγγενής αξία ενός ατόμου, ανεξάρτητα από εξωτερικά επιτεύγματα ή κοινωνική επικύρωση. Η αναγνώριση και η επιβεβαίωση της αξίας του ατόμου είναι θεμελιώδης για την προσωπική ανάπτυξη και ενδυνάμωση.

Οραματισμός: Η πρακτική της δημιουργίας ζωντανών νοητικών εικόνων των επιθυμητών αποτελεσμάτων. Ο οραματισμός χρησιμοποιείται ως εργαλείο για την παρακίνηση, τον καθορισμό στόχων και την υπέρβαση των εμποδίων.

Αίτημα αναθεώρησης βιβλίου

Αγαπητέ αναγνώστη,

Σας ευχαριστούμε που αγοράσατε αυτό το βιβλίο! Θα ήθελα πολύ να ακούσω νέα σας. Η συγγραφή μιας βιβλιοκριτικής μας βοηθά να κατανοήσουμε τους αναγνώστες μας και επηρεάζει επίσης τις αποφάσεις αγοράς άλλων αναγνωστών. Η γνώμη σας είναι σημαντική. Παρακαλώ γράψτε μια κριτική βιβλίου! Η καλοσύνη σας εκτιμάται πολύ!

Σχετικά με τον συγγραφέα

Ο Dan Desmarques είναι ένας διάσημος συγγραφέας με αξιοσημείωτη πορεία στον κόσμο της λογοτεχνίας. Με ένα εντυπωσιακό χαρτοφυλάκιο 28 μπεστ σέλερ στο Amazon, συμπεριλαμβανομένων οκτώ #1 μπεστ σέλερ, ο Dan είναι μια αξιοσέβαστη προσωπικότητα στον κλάδο. Αξιοποιώντας το υπόβαθρό του ως καθηγητής πανεπιστημίου ακαδημαϊκής και δημιουργικής γραφής, καθώς και την εμπειρία του ως έμπειρος σύμβουλος επιχειρήσεων, ο Dan προσφέρει έναν μοναδικό συνδυασμό τεχνογνωσίας στο έργο του. Οι βαθιές ιδέες του και το μεταμορφωτικό του περιεχόμενο απευθύνονται σε ένα ευρύ κοινό, καλύπτοντας θέματα τόσο διαφορετικά όσο η προσωπική ανάπτυξη, η επιτυχία, η πνευματικότητα και το βαθύτερο νόημα της ζωής. Μέσα από τα γραπτά του, ο Dan ενδυναμώνει τους αναγνώστες να απελευθερωθούν από τους περιορισμούς, να απελευθερώσουν το εσωτερικό τους δυναμικό και να ξεκινήσουν ένα ταξίδι αυτογνωσίας και μεταμόρφωσης. Σε μια ανταγωνιστική αγορά αυτοβοήθειας, το εξαιρετικό ταλέντο και οι εμπνευσμένες ιστορίες του Dan τον κάνουν να ξεχωρίζει ως συγγραφέα, παρακινώντας τους αναγνώστες να ασχοληθούν με τα βιβλία του και να ξεκινήσουν ένα μονοπάτι προσωπικής ανάπτυξης και διαφώτισης.

Επίσης γραμμένο από τον συγγραφέα

1. 66 Days to Change Your Life: 12 Steps to Effortlessly Remove Mental Blocks, Reprogram Your Brain and Become a Money Magnet

2. A New Way of Being: How to Rewire Your Brain and Take Control of Your Life

3. Abnormal: How to Train Yourself to Think Differently and Permanently Overcome Evil Thoughts

4. Alignment: The Process of Transmutation Within the Mechanics of Life

5. Audacity: How to Make Fast and Efficient Decisions in Any Situation

6. Beyond Self-Doubt: Unleashing Boundless Confidence for Extraordinary Living

7. Breaking Free from Samsara: Achieving Spiritual

Liberation and Inner Peace

8. Breakthrough: Embracing Your True Potential in a Changing World

9. Christ Cult Codex: The Untold Secrets of the Abrahamic Religions and the Cult of Jesus

10. Codex Illuminatus: Quotes & Sayings of Dan Desmarques

11. Collective Consciousness: How to Transcend Mass Consciousness and Become One With the Universe

12. Creativity: Everything You Always Wanted to Know About How to Use Your Imagination to Create Original Art That People Admire

13. Deception: When Everything You Know about God is Wrong

14. Demigod: What Happens When You Transcend The Human Nature?

15. Discernment: How Do Your Emotions Affect Moral Decision-Making?

16. Design Your Dream Life: A Guide to Living Purposefully

17. Eclipsing Mediocrity: How to Unveil Hidden Realities and Master Life's Challenges

18. Energy Vampires: How to Identify and Protect Yourself

19. Fearless: Powerful Ways to Get Abundance Flowing into Your Life

20. Feel, Think and Grow Rich: 4 Elements to Attract Success in Life

21. Find Your Flow: How to Get Wisdom and Knowledge from God

22. Hacking the Universe: The Revolutionary Way to Achieve Your Dreams and Unleash Your True Power

23. Holistic Psychology: 77 Secrets about the Mind That They Don't Want You to Know

24. How to Change the World: The Path of Global Ascension Through Consciousness

25. How to Get Lucky: How to Change Your Mind and Get Anything in Life

26. How to Improve Your Self-Esteem: 34 Essential Life Lessons Everyone Should Learn to Find Genuine Happiness

27. How to Study and Understand Anything: Discovering The Secrets of the Greatest Geniuses in History

28. How to Spot and Stop Manipulators: Protecting Yourself and Reclaiming Your Life

29. Intuition: 5 Keys to Awaken Your Third Eye and Expand

Spiritual Perception

30. Karma Mastery: Transforming Life's Lessons into Conscious Creations

31. Legacy: How to Build a Life Worth Remembering

32. Master Your Emotions: The Art of Intentional Living

33. Mastering Alchemy: The Key to Success and Spiritual Growth

34. Metanoia Mechanics: The Secret Science of Profound Mental Shifts

35. Metamorphosis: 16 Catalysts for Unconventional Growth and Transformation

36. Mindshift: Aligning Your Thoughts for a Better Life

37. Mind Over Madness: Strategies for Thriving Amidst Chaos

38. Money Matters: A Holistic Approach to Building Financial Freedom and Well-Being

39. Religious Leadership: The 8 Rules Behind Successful Congregations

40. Reset: How to Observe Life Through the Hidden Dimensions of Reality and Change Your Destiny

41. Resilience: The Art of Confronting Reality Against the

dds

42. Raise Your Frequency: Aligning with Higher Consciousness

43. Revelation: The War Between Wisdom and Human Perception

44. Singularity: What to Do When You Lose Hope in Everything

45. Spiritual Anarchist: Breaking the Chains of Consensual Delusion

46. Spiritual DNA: Bridging Science and Spirituality to Live Your Best Life

47. Spiritual Warfare: What You Need to Know About Overcoming Adversity

48. Starseed: Secret Teachings about Heaven and the Future of Humanity

49. Stupid People: Identifying, Analyzing and Overcoming Their Toxic Influence

50. Technocracy: The New World Order of the Illuminati and The Battle Between Good and Evil

51. The 10 Laws of Transmutation: The Multidimensional Power of Your Subconscious Mind

52. The 14 Karmic Laws of Love: How to Develop a Healthy

and Conscious Relationship With Your Soulmate

53. The 33 Laws of Persistence: How to Overcome Obstacles and Upgrade Your Mindset for Success

54. The 36 Laws of Happiness: How to Solve Urgent Problems and Create a Better Future

55. The Alchemy of Truth: Embracing Change and Transcending Time

56. The Altruistic Edge: Succeeding by Putting Others First

57. The Antagonists: What Makes a Successful Person Different?

58. The Antichrist: The Grand Plan of Total Global Enslavement

59. The Art of Letting Go: Embracing Uncertainty and Living a Fulfilling Life

60. The Awakening: How to Turn Darkness Into Light and Ascend to Higher Dimensions of Existence

61. The Egyptian Mysteries: Essential Hermetic Teachings for a Complete Spiritual Reformation

62. The Dark Side of Progress: Navigating the Pitfalls of Technology and Society

63. The Evil Within: The Spiritual Battle in Your Mind Deception: When Everything You Know about God is W

rong

64. The Game of Life and How to Play It: How to Get Anything You Want in Life

65. The Hidden Language of God: How to Find a Balance Between Freedom and Responsibility

66. The Most Powerful Quotes: 400 Motivational Quotes and Sayings

67. The Secret Beliefs of The Illuminati: The Complete Truth About Manifesting Money Using The Law of Attraction That is Being Hidden From You

68. The Secret Empire: The Hidden Truth Behind the Power Elite and the Knights of the New World Order

69. The Secret Science of the Soul: How to Transcend Common Sense and Get What You Really Want From Life

70. The Spiritual Laws of Money: The 31 Best-kept Secrets to Life-long Abundance

71. The Spiritual Mechanics of Love: Secrets They Don't Want You to Know about Understanding and Processing Emotions

72. The Unknown: Exploring Infinite Possibilities in a Conformist World

73. The Narcissist's Secret: Why They Hate You (and What to Do About It)

74. Thrive: Spark Creativity, Overcome Obstacles and Unleash Your Potential

75. Transcend: Embracing Change and Overcoming Life's Challenges

76. Uncharted Paths: Pursuing True Fulfillment Beyond Society's Expectations

77. Uncompromised: The Surprising Power of Integrity in a Corrupt World

78. Unacknowledged: How Negative Emotions Affect Your Mental Health?

79. Unapologetic: Taking Control of Your Mind for a Happier and Healthier Life

80. Unbreakable: Turning Hardship into Opportunity

81. Uncommon: Transcending the Lies of the Mental Health Industry

82. Unlocked: How to Get Answers from Your Subconscious Mind and Control Your Life

83. Why do good people suffer? Uncovering the Hidden Dynamics of Human Nature

84. Your Full Potential: How to Overcome Fear and Solve

Any Problem

85. Your Soul Purpose: Reincarnation and the Spectrum of Consciousness in Human Evolution

Σχετικά με τον εκδότη

Το βιβλίο αυτό εκδόθηκε από την 22 Lions Publishing.

www.22Lions.com

Printed in the USA
CPSIA information can be obtained
at www.ICGtesting.com
CBHW051114081124
17082CB00021B/509